与趋势同行
投资有道

新云老师　有道◎著

中国铁道出版社有限公司
CHINA RAILWAY PUBLISHING HOUSE CO., LTD.

图书在版编目（CIP）数据

与趋势同行：投资有道/新云老师，有道著 . —北京：
中国铁道出版社有限公司，2022.3
ISBN 978-7-113-28453-4

Ⅰ.①与… Ⅱ.①新… ②有… Ⅲ.①投资-基本知识
Ⅳ.①F830.59

中国版本图书馆 CIP 数据核字（2021）第 207171 号

书　　名：与趋势同行——投资有道
　　　　　YU QUSHI TONGXING：TOUZI YOU DAO
作　　者：新云老师　有　道

责任编辑：马慧君　　　编辑部电话：（010）51873005　　　投稿邮箱：zzmhj1030@163.com
特约策划：叶　宁　黄晓华　刘曼旭　梁馨尹
封面设计：邓竣予　罗玉兰
美术编辑：刘　莎
责任校对：焦桂荣
责任印制：赵星辰

出版发行：中国铁道出版社有限公司（100054，北京市西城区右安门西街 8 号）
网　　址：http://www.tdpress.com
印　　刷：三河市航远印刷有限公司
版　　次：2022 年 3 月第 1 版　2022 年 3 月第 1 次印刷
开　　本：710 mm×1 000 mm 1/16　印张：14.5　字数：149 千
书　　号：ISBN 978-7-113-28453-4
定　　价：59.00 元

序言

2020 年，中国的权益基金投资规模创了历史新高，公募基金规模达创纪录的 18 万亿元，私募基金规模也达到创纪录的 17 万亿元。

从长期看，投资权益基金是最好机会，投资是科学和艺术的融合，理财是理智的财富管理，正所谓你不投资，财富不会找上门。

在美国，散户炒股的人占比不到 10%。股神巴菲特最推崇的就是指数基金，在股市当中人性的弱点会表现得淋漓尽致，甚至会放大人性的贪婪、恐惧、患得患失，太多的投机性行为造成股票市场的巨大波动，普通投资者很难像专业机构一样对宏观经济、行业轮动、股票基本面等进行深入的投研、分析、判断和决策，缺乏完善的投资流程，所以全世界股票市场的散户基本上是只有一部分人赚钱。

2020年，全球经济都受到了冲击，股市的表现却依然良好，大部分基金投资者赚得是盘满钵满，但仍有部分股市投资者因投机亏损，非常可惜！已错失过去二十年最好的投资机遇，那么如何把握未来二十年资本市场最大的投资机遇呢？

本书从作者的角度深入浅出地把普通投资者需要的财富密码分享给大家，相信未来一定能够从理财投资理念上帮助大家，使大家能把握住百年未有之大变局下的投资机遇。未来全世界最好的投资机会就在中国！

雷信私募投资基金董事长　谢雄兵

目　录

第二章

多言数穷，不如守中：
什么是不变的趋势

第三章

逝者如斯夫：
什么是变化的趋势

第四章

细节中的机会：怎么把握趋势

第五章

知行合一：我便是趋势

引　言

投资是个范畴很大的话题,但在这本书里我想说的是个人投资,是适用于普通投资者的投资。

什么是普通投资者?有两个最关键的标准:第一,投资不是你的全职工作,你还有其他事业和职业去做;第二,除了自己或者最亲密的家人、朋友以外,你不管理其他外部人士的资金。

自从进入现代社会,投资这件事就和世界上每一个成年人息息相关。

伟大的物理学家牛顿、经济学家凯恩斯、诺贝尔经济学奖得主丹尼尔·卡尼曼,他们都是积极的股票投资者,都需要管理好自己的投资来支持自己的学术研究与日常生活。

当然,众所周知,牛顿和凯恩斯虽然是学术泰斗,但是个人投资成绩并不太好,这说明,无论是谁,都需要把个人投资当成一项专门的能力来学习和练习。

不管你有没有主动购买股票和基金,你可能都在无意之间参与了投资的过程,哪怕你只是去银行存款或者贷款买房。

人的一生中总要面对教育、医疗、养老和提升生活质量的问题,通过投资获得收益是解决这些问题的最重要手段之一。

现代人无法不关心赚钱这件事。所以你能看到,市面上有无

数的课程、书籍和"过来人"在告诉你投资应该怎么做,怎样才能赚到钱……但关键的问题是:

为什么我们仍然做不好这件事?为什么还有那么多人在投资时蒙受亏损和失败?这里面最大的原因是:绝大多数人把学习投资的力气用错了地方,而这本书正是要解决这个问题。

第一章

1

投资盈利的秘密：
与趋势同行

一个人一生能积累多少钱，不是取决于他能
够赚多少钱，而是取决于他如何投资理财，人找
钱不如钱找钱，要知道让钱为你工作，而不是你
为钱工作。

——沃伦·巴菲特

　　不同时期，各大资产的表现也各不相同。现如今，在新冠肺炎疫情、创业板注册制、新基建等多种因素的影响下，投资会朝着什么样的趋势发展，我们应当采取哪些行动与趋势同行呢？

　　2020年突如其来的新冠肺炎疫情，仿佛给全球经济按下了"暂停键"，其漫长的阴影将伴随我们多年，全球宏观经济受到了严重的冲击，但同时经济的韧性也有可能让这些冲击变成新的机遇，全球经济发展会呈现出新趋势。

后疫情时代经济发展趋势

　　随着多国央行启动或计划推出紧急刺激措施，国际政策制定出现分歧，疫情后的复苏已进入新阶段，欧美经济将呈现中长期滑坡状态。

　　汇率也将持续波动，2020年年初，疫情对国内经济影响较大，人民币贬值；但随后国内疫情得以控制，海外疫情暴发，美元持续贬值，人民币持续升值。从全年看，人民币汇率呈现震荡攀升的走势，美元、欧元和人民币之间的关系将是关键，许多国家的公共财政将进一步失衡。

　　通过货币扩张，特别是通过发行更多货币来实现赤字货币化的合法性将被重新考虑。疫情期间,美联储不仅开启了"无限印钞"模式,而且在"无限印钞"之后,还开启了"撒钱"模式,直接将钱投放至市场之中。其实不仅限于美联储,很多国家的中央银行此前都使用过这种方法。

据 IMF(International Monetary Fund,国际货币基金组织)测算,即使全球封锁措施解除、经济有所缓和,发达国家的平均赤字率仍将达到 11%。疫情后,相对较高的通货膨胀将被容忍,通货膨胀被当成解决公共债务偿债成本的方式之一,政府债券收益率为负也可能成为常态。

世界主要经济体的实际利率至少会在一段时间内为负。由于发达国家投资者更热衷于购买以本国货币计价的政府债券,因此,这些国家比较容易获得资金来支撑预算赤字。

随着时间的推移,资金的获取成本可能会越来越高,也包括用于公共基础设施建设、支持技术进步和创新的资金。各国最困难的工作之一将是摆脱过度负债的习惯。

各国经济以及商品和资本市场的自由化、一体化,将在一个相互关联的全球市场中经受考验,尽管这种自由化和一体化在劳动力市场会有一定的延迟和受限。但由于自由贸易的吸引力和全球供应链带给全人类的好处,全球化将持续下去。

01

大势所趋：
我们应该怎样投资

说起投资，很多人从历史经验出发，觉得现金是最可靠的，也有一些人觉得黄金很可靠，但时代不断在变化，以往的投资方式在当今这个时代还能靠得住吗？

过去两百多年各类资产的表现

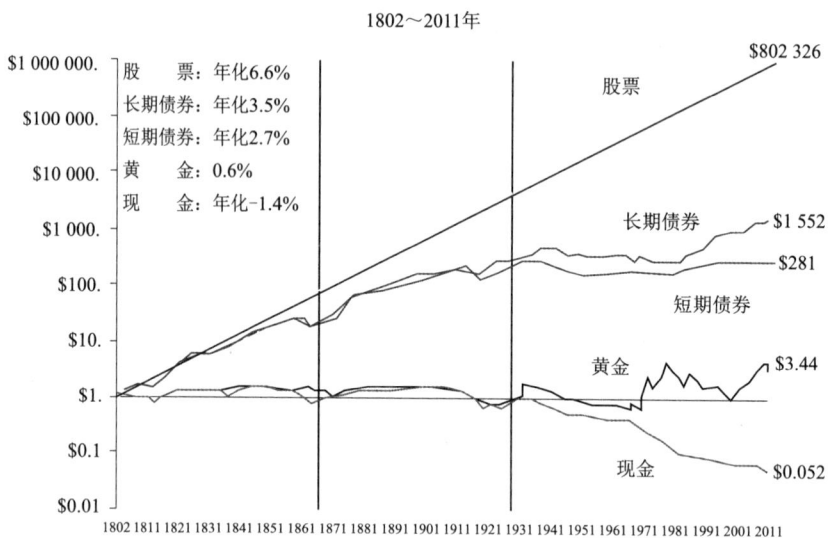

1802～2011年

$1 000 000.

股　　票：年化6.6%
长期债券：年化3.5%
短期债券：年化2.7%
黄　　金：0.6%
现　　金：年化-1.4%

股票　　$802 326

$100 000.

$10 000.

$1 000.

长期债券　　$1 552

$100.

$281
短期债券

$10.

$1

黄金　　$3.44

$0.1

现金

$0.052

$0.01

1802 1811 1821 1831 1841 1851 1861 1871 1881 1891 1901 1911 1921 1931 1941 1951 1961 1971 1981 1991 2001 2011

美国两百年资产收益指数

（图片来源：《投资者的未来》，作者：杰里米·J.西格尔）

　　西格尔编写的《投资者的未来》一书中，就对美国 200 年各类资产的收益进行了统计，如上图。人类对各类资产的投资比率都在变化着，各类资产的表现也各有千秋。

第一大类资产是现金

　　我们看一看在 1802～2011 年这 200 年里现金表现如何。如果你的家里现在还有 50 年前的 300 元钱，到了如今，它的价值也许只是现在的几十元钱。因为在通货膨胀、GDP 不断增长等多种因素的影响下，货币一直在贬值。

第二大类资产是重金属

在古代，黄金、白银、重金属是流通货币，如今投资这类重金属，也是一种非常好的资产保值的方式。不仅仅在中国，乃至全世界都不约而同地将黄金作为交换物品的重要流通货币。黄金拥有稳定性好、易携带、数量稀少、不易被腐蚀等特点，相比其他物质有很大的优势。现如今，黄金依然没有贬值，甚至还升值了不少。

第三大类资产是短期政府债券和长期债券

一般来说，偿还期限在 10 年以上的债券为**长期债券**，主要由政府、金融机构和企业发行。我国企业债券偿还期限在 5 年以上的为长期企业债券。

偿还期限在 1 年以下的债券为**短期债券**。短期债券的发行者主要是工商企业和政府。金融机构中的银行因为以吸收存款作为自己的主要资金来源，因此很大一部分存款的期限是 1 年以下。

短期政府债券的利率不太高，稍稍高过通货膨胀，风险比较低。但是长期债券几百年来的涨幅却非常高，数据显示，近 200 年来，长期债券的回报率涨了 1 600 多倍。

第四大类资产是股票

也许有很多人会觉得投资股票是风险最大的，并且不能保值，尤其是经历过熊市的人们，更是深刻地体会到购买股票的风险。实际上，因为复利的作用，购买股票的升值空间还是非常大的，这就需要你在选购股票时多一些了解。

股票其实反映的是市场规模以上公司的经营状况。从某种意义上说，GDP 的增长是由这些公司销售额的增长来决定的。当 GDP 长期都是持续增长时，所有股票的指数总和大概率会与 GDP 的增长息息相关。

给年轻人的一点启示

过去中国家庭的财富更多的是投入房产、存款这样的保障性资产，稳定性很好，但是对于年轻人来说，未来很难再能继续利用这种做法获得成功。

随着国家的管控，房价很难再继续快速上涨，房产配置过多将拖累整体的收益水平。财富结构的调整势在必行，老一辈人存量财富比重大、增量收入占比小，调整起来会非常困难；年轻人存量财富占比小、增量收入潜力大，注定要成为财富结构调整的主力。未来 15 年，年轻人需要渐进更新财富结构，引领家庭整体财富结构的升级。

年轻人可以选择的几个投资方向

（1）在保障财富波动不大的前提下，通过调节增量资金来提高金融资产占比，用收入结余的钱来理财，稳步分享固定收益市场的中短期收益和股票市场的长期收益，将核心固收资产和部分股票组合起来跨市场投资会是一个比较好的选择。

(2)更多的是通过专业机构参与固定收益、股票等市场，提高投资的专业化程度。

(3)加强养老和保险的储备，将一些过重的风险压力"从肩上卸下去"。

02 / 知彼知己：
投资很简单，但是不容易

初入股市的投资者，喜欢四处打探消息，追逐热门股票，热衷于短期买卖操作，但持续了很久才发现，结果还是亏多赢少。有一部分投资者就开始抱怨，认为市场情况不好，或者感叹时运不济，更有甚者，丧失信心，从此不入"投资圈"。

但也有成功者，他们沉浸在这短时间的喜悦中难以自持，仿佛自己就是"股神"，开始有些"飘"。

也有一些媒体，为了吸引眼球，文章不是过度夸大事实，就是过度看衰，渲染一种极度悲观的"情景"，让投资者觉得：不是满仓就是空仓，满仓才能赢大利，空仓才能抄大底，但投资真的是这样的吗？

投资很简单，但不容易

巴菲特有一句投资名言：投资很简单，但不容易。然而，很多人只记住了前半句，高估了自己对"简单"的认识，而大大低估了后半句所隐含的巨大挑战。投资者的总体收益逃不过"7 亏 2 平 1 赚"的魔咒。那么，怎样才能成为那"1 赚"的投资者呢？也许我们可以从股神巴菲特身上学习到一些技巧。

有一次巴菲特和比尔·盖茨玩一个小游戏，各自写下自己认为成功最重要的品质，二人不约而同都写出了"专注"。可见，不仅仅做事情需要专注，在投资领域，专注也非常重要。

巴菲特说的投资并不容易，是指将高的收益率保持一辈子并不容易。而巴菲特能一辈子专注于投资这个领域，是因为他的兴趣。从各类资料来看，巴菲特的投资哲学、政治理念、世界观都发生过重大转变。究其一生，从来没有发生过变化的只有一件事：对复利的狂热。

爱因斯坦曾说，复利是世界上第八大奇迹。巴菲特说，赚钱最重要的就是时间，你不需要非常聪明，但是你要有耐心。查理·芒格举了一个例子，一个玩杂耍的人同时转 25 个瓶子，他是如何做到的呢？答案就是从 1 个瓶子开始，然后 2 个，3 个……坚持，很快就可以同时转 25 个瓶子。对复利的专注，是很多投资者成功的关键，这就提醒大部分投资者，应当专注于我们的投资领域。

巴菲特的投资实践阶段

巴菲特有最完善的价值投资交易系统，他构建了两条很简单的投资准则：一是不要赔钱；二是不要忘记第一条。此外，还要重视自身的健康和不断进行自我投资，因为这两样东西要是亏损的话是很难赚回来的，这是他对复利哲学理解的延伸。

巴菲特投资实践主要分为以下几个阶段。

第一阶段：简单的快乐

寻找各种可以赚钱的小生意。对数字的兴趣和想要获得每周超过 5 美分零花钱的念头让巴菲特早早地踏入商业领域，如，销售可乐、口香糖，送报纸等。为了获得复利，他把自己赚到的每一美分又换成了其他东西。父亲办公室的图书为他提供了构想多种赚钱方式的平台，比如，《赚 1 000 美元的 1 000 种方法》，许多成功人士不屑去读的畅销书，却能够让他乐在其中，甚至体会到了世界首富的成就感。

第二阶段：投资烟头股

烟头股是对投资股票类型的一种形象比喻，这种股票就像别人扔在地上的烟头一样，烟可能快熄灭了，只剩下一两点火星，但因为是免费的，可以捡起来。这种股票投资的结局就是要不断地更新股票组合，因为投资的资产并不是最优的，无法长期持有。

在格雷厄姆、多德两位导师的指导下，巴菲特形成了一套专门捡"便宜"股票的投资理念。他通常购买那些形如烟头的公司股票，股价非常便宜，虽然市场规模正在萎缩但仍然存在需求，在股价低估时买入，然后获得适当收益时卖出。这样的交易让他的合伙基金从 1956 年的 105 100 美元增长至 1962 年的 700 万美元，盈利可观。

第三阶段：专注"护城河"

投资投的是未来，看清大方向比什么都重要！大家都知道，专注是高手的"护城河"，优秀的企业通常都非常专注主业，然后才能成为行业翘楚。

第四阶段：回报社会

经济学中有一个概念：**边际效应**。随着财富的增长，财富给人带来的边际效应是降低的。把财富花在那些最需要钱的地方才能产生最大的效应，从而使整个财富的效应最大化。

巴菲特从一个伟大的投资者转变成一个伟大的慈善家正是源于他对复利和财富理解的升华。

巴菲特的妻子苏西走后，他长时间思考一个问题：人获得财富究竟是为了什么？假如是为了使用，那么终其一生，他所使用的财富不超过他所赚取财富的 1%。假如为了留给后代的话，他的子女都追随母亲的脚步，热爱公益事业。那么只能说，这大部分财富最终都是为社会创造的,都要回报社会的。因此,如何让社会的财富以更好的方式增长是他思考的重点。

巴菲特的一生都在同世界玩着一场有关复利的游戏,而他在这场游戏中收获的财富,也成就了他。不同的是,他不再担任他所有财富的管理者,而是让社会自行管理财富,从而获得更多的增长。

"没有人可以随随便便成功",也没有任何人的理想是一挥而就的。真正厉害的人,一生只做一件事,一生都紧盯着人生的理想。"再苦再难,熬过去,就赢了;扛住了,就成功了"。

03 / 火眼金睛：
投资路上都有哪些坑

在股票市场上流传着一种说法：股市就像一面镜子，可以照出人内心深处最本质的欲望。有时候人的欲望会使自认为理智的人不自觉的意气用事，也会使自认为精明的人丧失最基本的思考。

在连创新高的大牛市中，我们经常会掉入一些我们自己都意识不到的陷阱中，当你反应过来，为时已晚。

牛市中人们最常掉入的陷阱

在牛市的行情下，人们往往受市场的影响较大，容易掉入一些陷阱。

第一个容易掉入的陷阱是被超高收益影响，激进投资

通常在牛市中，大部分投资者都会因为过度贪婪而掉入陷阱。在牛市中赚钱并不难，动辄翻倍的收益率也时有发生，难的是在其中时刻保持冷静的思考，不被旁人所左右，不因贪婪而使技术动作变形。其实很多人都被周围人超高的收益率影响过，从而一味地寻找暴涨的机会；也有过不满足当前的收益率，而进行激进的投资；也有过冒着可能面临巨大亏损的风险，依旧买入过多股票……

股市不会一直涨，当风险来临时你是否有能力抵抗住更剧烈的下跌？

有时辛辛苦苦积累了好几个月的收益，几周的震荡下跌就亏光了，这种事情司空见惯，尤其对于新手投资者来说。最危险的是多数人在没有真正亲历过这些风险时，都不愿意相信自己也会遭受同样的损失。

即便有老投资者提醒他们，有 100 个人都会找理由说服自己，认为自己不会是那个亏钱的人，然而现实往往是残酷的，不懂得风险控制，短期赚再多的钱最后也都得还回去。很多人都是在第一

次赔光后,丧失了继续投资的动力。

有太多人在牛市中得意忘形,在熊市中失去所有。我自己刚接触股票的时候,正好赶上了2015年的大牛市,用了一些激进的投资策略,赚了不少钱,后来又投资了更多钱入股市,此时正好遇到一波经济危机,一下就把所有钱亏光了,那段时间我的生活用一个成语形容——"跌宕起伏"。

后来我总结的经验是:投资者的脑海里不能只有赚钱的概念,还要有控制风险的意识,因为你永远无法预测风险什么时候来,来的会有多猛烈。投资是一件长期的事,如果不能做到长期稳定赚钱,短期内即使有再高的收益率也无济于事。

对于多数普通投资者来说,评估自己投资的风险并不是一件容易的事,有时并不是说股票涨得高或者涨得快就代表风险大,我们不能为了控制风险,舍本逐末卖出上涨的股票或者干脆放弃投资。

对于散户投资者来说,最有效控制风险的手段就是**资产分散化**。资产分散化从技术上不难理解也不难实现,但难的是心态调整。

为了保持资产平台化,你就必须要放弃一部分涨势最好的股票,而选择持有涨势普通的股票,同时你也必须放弃一部分最赚钱的策略,比如,大跌时的股票卖空,或者大涨时的采用单腿买看涨期权之类的策略,因为这些策略存在不可控的下跌风险,进而你需要选择一些相对稳定的投资策略。

因此,长期投资中的风险和收益就是一个舍得的过程,暴涨股也好,高杠杆的策略也好,不是不能操作,而是要在风险可控的范围内操作。

第二个容易掉入的陷阱是因为恐高,什么股票都不敢买

想要在长期投资中持续赚钱,就必须有能够舍弃眼前利益的心态。另一个牛市中很容易陷入的误区是投资者因为恐高,什么股票都不敢买,怕买后被套牢。我相信这种想法很多人都有,而且听起来似乎也很合理,但我认为这种想法正是妨碍投资者赚钱的最大敌人之一。

上一种误区是在投资实践中发生的技术动作变形,意识到问题后还能够及时调整,这一种误区则非常危险,会直接导致你丧失绝佳积累财富的机会,而且没有任何弥补的余地。

投资大师彼得·林奇说过这样一句话:"投资者对于股市回调预判错误造成的踏空损失远大于他们真正在回调中所承受的损失。"坦白讲,股市恐高是一个正常的心态,也有理论依据,但被我们彻头彻尾的误读了。

投资最重要的是思考风险和回报的比率。在传统金融学的概念里,一只股票在股价持续上涨中变化的并不是风险的增加,而是该股票未来回报率期望的下降,实际风险并没有变化。简单理解就是现在涨太多,压缩了以后上涨的空间,但并不像大多数投资者想象的那样,股票大涨后就一定会有大跌的风险。

后来随着金融学的发展,不管是学者还是基金经理,他们都发现,股市恐高心态的理论似乎并不成立。

在对冲基金中有这样一种策略，专门做的就是**追涨杀跌**，也就是股票越涨越买、越跌则越卖，这种策略名为**动量策略**（Momentum Strategy）。对于动量策略来说，是根据股票、期货历史数据的表现，对股票、期货进行判断和研究的。

股市恐高的理论不太成立，是因为在心态上也存在很大的误区。在行为金融学中有一个很有名的认知偏差，叫**锚定效应**。投资者在交易中总是习惯性的去寻找过去的价格，作为锚，比如，买入价格或者历史高点，在交易时会不自觉地根据这个锚点来做投资决定。理性的投资者应该合理地面对市场中的新信息，而不是一味以历史高点价格作为目标。

但人们在做决策时，思维往往会被得到的第一信息所左右，就像沉入海底的锚一样，把你的思维固定在某处。这种用一个限定性的词语或规定作行为导向，达成行为效果的心理效应，被称为**"锚定效应"**。

大部分人在投资的过程中总是会觉得不愉快，这是什么原因呢？下面举个例子来说明。

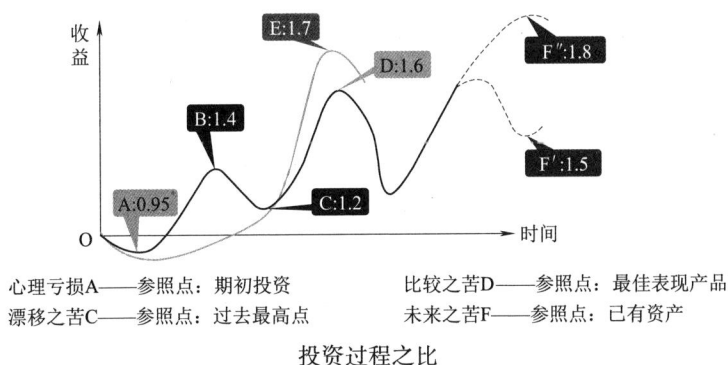

心理亏损A——参照点：期初投资　　比较之苦D——参照点：最佳表现产品
漂移之苦C——参照点：过去最高点　　未来之苦F——参照点：已有资产

投资过程之比

心理亏损:一只基金的净值从 1 元跌到 0.95 元,心里的锚是最初投资时的价格,在这个投资的过程中,自己的钱亏损了一部分,因为得失心理,就感觉不到快乐。

漂移之苦:当基金净值涨到 1.4 元又回落至 1.2 元时,因为资产增长的数值又低于最初的期待值,内心锚定的点又变成了曾经的最高点位,得失心理再次左右人们的情绪,便开始懊恼为什么没有在最高点时卖出。

比较之苦:当净值继续上涨到达 1.6 元的时候,很多人也不会觉得快乐,因为此时的参照点变成了市场上同类基金中表现最佳的产品,得失心再次产生效应。很多人会觉得自己持有的基金涨得太慢,又悔恨当初为什么没有买表现最佳的那只基金。

未来之苦:看惯了股市的涨跌起伏,心态趋于平稳,但面对未来净值上涨下跌的不确定性,心里依然充满危机。

经历了这些看似有些揪心的历程,大部分人会觉得投资不是愉快的经历,但之所以会出现这种结果,还是因为自身的参照点发生了漂移,渐渐偏离了一开始步入投资界的初心。

在投资过程中,历史价格完全无法反映新信息对于股价的影响,然而,股市中大部分人却被历史高点这样的信息左右了投资决定。

打破了历史纪录,并不能左右这个长期上涨的趋势。历史也证明,历史高点不能作为投资的依据。我们来看看历史数据,数据表明,1915 年以来总共有 1 355 次创纪录的历史高点,平均每年 12.9 次,也就是平均每个月都会有新的纪录诞生。

更有趣的是在新高之后有 90％的概率市场会在接下来的 4 个月内再创新高，在接下来的一年内平均涨幅也高达 7.8％，可见屡创新高并不能成为影响投资的理由。

不过需要注意的是，上面提到的都是长期投资的心态和理论，如果你追求的是短期趋势，关心的是第二天这只股票的涨幅是否还是第一，下个月或者下下个月是否能够维持高位，那么你在高点投资时则需要更加谨慎。历史价格在短期的技术分析中是有一定分量的，所以说在股市高点做投资决策时，投资类别和时长十分关键，如果是长期投资，那不可因为股市高点而犹豫不前，错过长期积累财富的机会，如果是短期交易，则需要相对谨慎。如果确定是长期投资，又无法克服恐高的心理，可以采取买入的策略，这样能够确保自己成本足够分散，也能够很大程度上解决投资的问题。

第三个容易掉入的陷阱是投资"抄作业"

近几年，美国的大牛市吸引了一大波以前并不投资股票的个人投资者入市。从各大券商的开户数据来看，目前个人投资者的数量也已经来到了史无前例的高度。炒股的人多了，不少投资者又是新入股市，这样"抄作业"就变成了一种最快捷的投资手段。这是人之常情，谁都有惰性，有好奇心，看牛人买了什么，自己跟着买，也许就可以赚钱。

不过你会发现，很多投资者并不清楚怎么正确地"抄作业"。"抄作业"其实也是个技术活儿，对于自身心态和外界条件的要求都十分苛刻。

俗话说,牛市中人人都是股神,在牛市中往往越是勇敢无畏的人越能获得离谱的收益,很多人也因此被超高的收益率所吸引,选择抄他们的作业,但投资光靠龙头金的勇敢无畏是无法长期获得收益的。比较典型的误导性的牛市发财策略有:全仓一只大牛股、单推买看涨期权。这些都是典型的长期表现最糟糕的投资策略,做作业的人获得超高收益也许确实有独到的能力,也许是懂得把握时机,但也许仅仅是运气。

然而抄作业的人并不一定了解这些,如果你天真地把误导性策略作为投资信条,那么你的投资结果恐怕不会太好。另外就是同一只股票或者同一个策略,对于不同的投资者意义也是不一样的。

每个人的风险偏好不同,都想赚很多钱,但应对亏钱的能力却不尽相同。比如,投资美股者均自认为可以承受较高的投资风险。我也投资美股,因为我已经经历过好几次美股的大起大落,心态已经相对稳定,但对于刚入市的新手来说就不一定了,股价的起落很可能导致他们做出错误的投资决定。

所以你想要照抄作业,不仅需要对做作业的人非常了解,还得对他的策略有个最基本的判断,做到这些才能成功地"抄作业"。

真正开始"抄作业"时在心态上也有几个难点。

第一个是,抄来的作业你很难拿得住,也很容易受其他不同意见的影响,因为单纯的抄作业你无法了解投资背后的逻辑,对公司也不一定了解,任何一个意外的波动都会使你提前卖出股票,最关键的是这样的交易不仅对你未来的投资没有任何帮助,反而会使你陷入一个承受亏损或者丧失潜在收益的后悔情绪中找不到出口。

第二个是，每个人对于同一只股票卖出的心理价位也是不一样的，这取决于买入的成本价和投资目标。

从上文的分析中，我们可以看出，想要正确的"抄作业"，首先，你得了解并且信任这个人；其次，你得对他的投资策略有一个基本的判断，看看是否适合自己的投资目的和风险偏好；最后，在开始"抄作业"时，你不能仅仅知道是买哪只股票，还要了解投资逻辑是什么、公司的业绩和发展情况的基本信息。做到以上这些，你的作业才算抄明白了，你才能安心赚钱。其实除了上面这种抄作业的方式，还有一种更简单直接的方式，那就是去抄专业投资机构的作业。

比如，你认同巴菲特的投资理念，那么你就去买伯克希尔·哈撒韦的股票；你认同女股神凯瑟琳，那么你就去买 ARKK 公司的 ETF，这也不失为一种很好的投资策略。

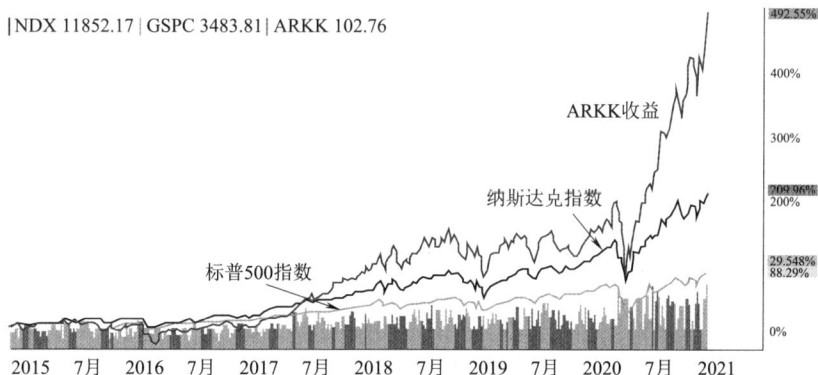

|NDX 11852.17 | GSPC 3483.81 | ARKK 102.76

ARKK vs 纳斯达克 100 vs 标普 500 2014 年年底至今各自累计涨幅

上面这张图中深灰色线是凯瑟琳管理的一只规模最大的ARKK 与纳斯达克 100（黑色线）以及标普 500（浅灰）的对比，从 2014 年下半年开始，ARKK 累计上涨了接近 500％，碾压基准标普 500，甚至也让作为科技指数之王的纳斯达克 100 相形见绌。ARKK 连续三年都跑赢了基准，并且与其他 ARKK 旗下的四个主动基金一同在 2021 年迎来了大爆发。

投资理财的不可能三角

我们常常会听到一句话："你看到的东西，往往都是别人想让你看到的。"这一点，在投机性极强的投资界，情况更是严重，那么作为投资小白，如何来防止自己不被误导，不被忽悠呢？

理财世界有个常识：**投资理财的不可能三角**。即投资理财的目标当中，收益性、安全性和流动性三者往往不可兼得，最多只能占两个。

投资理财的不可能三角

1. 什么是收益性、安全性、流动性

收益性，就是这个投资能带来多少回报，一年收益是 5% 还是 50%。

安全性，反过来说叫风险性，就是这个投资靠不靠谱，会不会亏损，老板会不会拿钱跑路。

流动性，指的是把投资品再变回现金的速度和能力。这里有两个要素需要注意：一是时间，时间不能太久；二是价格，价格不能偏离市场价格太多。

2. 三角关系的三种常见情况

我们来分析一下这种三角关系的三种常见情况。

(1)满足收益性和安全性的资产，不能满足流动性

比如，房子。房产在过去一直是中国老百姓最爱投资的资产，但房子的流动性比较差，再加上现在大量城市推出的各种调控措施，包括限售，让房子很难直接在市场上流通。

(2)满足安全性和流动性的资产，不能满足收益性

活期存款、余额宝这类货币基金等，随时可以转化成现金，但是收益较低。余额宝也属于货币基金，但是它的收益率非常低。

(3)满足收益性和流动性的资产，不能满足安全性

曾经火爆一时的 P2P 机构，在没有出现问题之前，此行业的流动性和收益性都比较好，吸引了大量资金涌入。然而，它并不能满足安全性，一旦出现危机，就是致命的风险。

2013 年 10 月，就有多家 P2P 网贷公司倒闭，以每天一家甚至每天几家的速度发生。P2P 网贷行业迎来了一场前所未有的信任危机。

当你遇到一个投资品，宣传收益高，又安全，还能随时提现，那你必须得小心，这很可能是一场投资骗局。

3. 正确认识投资

投资只要做正确的事，保证大概率赢的事，结果一定不会差。这不是天赋的问题，而是对投资的正确认识问题。

什么是大概率会赢的时候呢？

当系统性机会来临的时候，就是大概率赢的时候。

那什么是系统性机会呢？

比如，在平均市盈率 10 倍以下买入股票，结果就是大概率赢，换句话说，当股市低估的时候开始投资，未来一定是赚钱的，区别在于赚多赚少。

世界这么大，价值投资在任何一个投资市场都适用，低价买入，高估的时候卖出，另外，把钱投资给盈利能力强的好公司也是必须。

对投资有两点正确认识：首先，投资的本质就是投资公司，只有好公司才能赚钱；其次，不能付出太高的代价，如果付出的代价太高，即使买到好公司的股票，依然会亏损。

比如，中石油 A 股 IPO 的时候，公司的盈利能力非常强，但是卖得特别贵，结果就是，参与中石油 IPO 的投资者大多数都是亏损的。即使到现在，依然是亏损的。

股价的波动是随机的，短期的涨跌是无法预测的，而从长期来看，是一定会价值回归的，所以，进场的时机很重要。总的来说，在股市低估的时候进场，未来大概率是赚钱的。

当你不懂投资之道时，买卖股票盈亏全凭运气，当你掌握了估值后，股市的迷雾已经散去了大半了，低估的时候就是买入阶段，估值恢复到正常时就持有不动，高估的时候就卖出获利。**所以说，投资不是天赋，盈利都是经过科学计算后，达成的必然结果。**

投资时如何不被误导忽悠

投资时如何不被误导忽悠？下面有几点建议。

1. 了解自己的实力

很多投资者的亏损大都出现在自己不熟悉的领域，所以为了避免亏损，就需要花更多的时间和精力去了解这个行业。当你具备了一些专业知识，不再只是凭运气去投资时，所收获到的回报将让你有意外的惊喜。

2. 了解项目的实力

了解项目的实力，把握好整个行业的趋势与政策，才能合理地判断这个投资未来的前景是否很大，是否能让我们赚到钱。

3. 分析信息来源或平台

近年来,随着互联网行业不断发展,数字化浪潮正席卷全球,网络上更是充斥着各类资讯,有的是冷静的客观分析,有的则是为了收钱而进行的误导性分析。当我们阅读到这类文章时,就应当分析作者写这篇文章的动机,是为了科普,还是为了吸引流量,或者是为了"割韭菜"。只有了解这些,才能够收集到对我们有益处的消息,从而做出正确的投资选择。

4. 做出投资决策前,先问自己几个问题

做出投资决策前,不妨先自我提问以下几个问题:这笔投资是否只是别人推荐,我还没有全面了解信息? 这个项目是否有政策支持,我能从中收获哪些好处? 这个行业是否属于朝阳行业,未来的前景如何? 在投资时,我们应当保持什么样的心态?

04

资本狂欢：
一边是海水一边是火焰

2020年，突如其来的新冠肺炎疫情席卷全球，许多人担心，疫情带来的不确定性，究竟会催生出哪些变局？疫情过后，全球化进程还能不能继续？我们每一个人都受益于全球化，如果全球化真的像有些人讲的那样终止了，不仅每个人都可能受到伤害，而且很多人可能不得不重新规划自己的人生道路。

全球化 2.0 时代

2020 年突如其来的全球公共卫生事件无疑会改变世界经济合作的格局,就像 2008 年的金融危机曾经改变了世界格局一样。

接下来很多人关心的问题就是,金融危机过去 10 年之后,全球化是否会因为这次公共卫生事件终结呢? 答案是否定的,不过今后会进入全球化 2.0 时代。

全球的分工不会因为病毒而改变。比如,有些国家缺少某种资源,它就必须购买;另外一些国家缺乏某个行业的熟练工人,它就无法开展相应的业务。这不是经济上划算不划算的问题,而是即便增加两三倍的成本也未必做得到。此外,全球化已经让很多国家在基础设施、教育投资和公共卫生方面适应了现有的分工,这不是说改变就可以改变的,这些是全球化将继续下去的客观原因。

从主观上讲,我不认为世界上有多少内心坚决反对全球化的人——很多人反对,是因为全球化没有让他们得到好处,如果他们能够从全球化中得到好处,就会从反对者变成支持者。这跟很多人对城市化的态度是类似的,一开始可能反对,一旦城市化给他带来了真实的好处,他就转而支持了。因此,只要能照顾好各方面的利益,全球化其实是有广泛基础的。

随着时间的推进,全球贸易在全球经济总量中的占比总体上是不断上升的，到 2010 年前后全球贸易已经占到了全球经济总量的 60% 左右。自从第二次工业革命以来，全球化总体上是在不断深化的。

这中间全球贸易只有过一段时间是下行的，就是在第一次世界大战到第二次世界大战结束的这 30 多年。这 30 多年里，世界上的主要国家长时间处于交战状态，苏联在此期间也被排除在全球贸易之外。但即便如此，商品和资金在全球的流动仍然无法完全斩断。

举个例子，苏联有一个著名的基洛夫工厂，它可以说是苏联时期国家工业化的象征。这个工厂是怎么发展起来的呢？其实早在 1801 年这家工厂就成立了，但在整个 19 世纪的 100 年间，基洛夫工厂的发展都比较有限。直到 1924 年，美国的福特公司与基洛夫工厂合作，向它廉价出售了大量设备，用来生产拖拉机和其他机械。这个事件标志着苏联拖拉机工业的开始。"二战"期间，基洛夫工厂转向军工生产，占了整个苏联 20% 的军工产能。如果没有与福特的合作，基洛夫工厂就可能是另外一个样子了。

"二战"后，你可以看到，即使在冷战期间，全球化仍然是在加速，而且速度比"一战"前更快。到了 2010 年之后，全球化的脚步有所放慢，但世界整体的全球化程度依然很高。从"冷战"这段历史大致可以看到，政治对全球化的影响其实没有想象中那么大，与全球化最密切相关的主要还是经济政策。

未来全球化会有哪些变化

接下来的全球化会出现哪些变化？

1. 短距离合作会在一定程度上取代过去的长距离合作

在全球化 1.0 时期，大家只在意比较优势。什么是比较优势呢？比如，A 和 B 两个国家都能生产汽车和电脑。A 国生产电脑的成本是 500 美元，生产汽车的成本是 1 万美元，也就是生产 20 部电脑的成本能生产一台汽车；而 B 国生产电脑的成本是 1 000 美元，生产汽车的成本是 1.1 万美元。

表面上看，两个产业都是 A 国成本低，但是如果 A 国将精力都用在生产电脑上，多生产 20 台电脑，卖到 B 国，然后从 B 国买汽车，其实比它自己生产汽车更合算。这就是比较优势在起作用。

当然，这么做还要考虑全球贸易运输的成本，不过你可能想不到的是，全球海运的成本其实很低。一个集装箱的货物从深圳走海路运到洛杉矶的价格，比走陆路运到北京要便宜得多。在这种情况下，大家合作不怕距离遥远。在过去的 20 年里，反而是长距离的合作更容易开展，因为距离越远的国家，常常越容易形成比较优势。

但这次的全球公共卫生事件，让大家感到长距离合作的不确定因素太多。比如，流行病的影响、金融市场的动荡、运输的困难等，它们都会导致中间产品的交付中断。对于实行精益库存管理的制造业来说，这会严重影响生产。于是，各个国家都开始考虑就近展开合作，这样风险会相对可控。这种短距离的区域化合作，会在未来产生新的商业合作机会。

2. 在未来的全球化合作中，企业会更多地用供应商的地域多样性来降低供应链风险

这次疫情冲击之后，很多跨国公司都在增加不同地区的供应商，为自己的供应链提供双保险。比如，过去一家公司的原材料供应商都集中在东亚地区，一旦出了问题，上下游都受到影响。那么现在，这家公司依然会将绝大部分订单给东亚原来的供应商，因为这些供应商的产品仍然最有优势。但同时，这家公司还会划分出一小部分订单，在另一个地区，比如，东欧地区，扶持一个小的供应商，以防万一。

其实在 2020 年之前，很多 IT 企业就已经开始用这种方式采购。比如，惠普、戴尔和联想，这些企业一方面将大部分的处理器订单给英特尔，另一方面总是保留少部分的订单给 AMD，这不仅是为了扶持英特尔的竞争对手，便于议价，也是为了防止万一英特尔出事（比如，工厂发生火灾），自己的业务会受到过于严重的影响。

3. 企业间合作更多地向企业内合作转变

在全球化 1.0 时期，一些企业为了提高自己的利润率，让自己

的财务报表显得更靓丽,常常将那些利润率不高的部门剥离出去。比如,电冰箱制造商,原本是自己生产每一个零部件,后来就可能把部分甚至全部的零部件生产部门剥离出去,品牌本身成为单独的公司。

但在这次公共卫生事件中你会发现,不同企业之间在复工上其实很难配合得很好,有的企业可能会因为上下游企业没有开工而无法开工。反观那些自己拥有完整生产链条的企业,就不太会遇到这样的问题。

于是我们看到,在日本和美国的一些企业,都出现了一种情况,就是把过去自己剥离掉的部门再买回来,特别是生产医疗物资的公司。总之,可以预见,将来大公司会在国际多元化的同时更多地寻求安全。

4. 必需品产业开始向"母国"回归

涉及医疗和食品等必需品的产业,以及跟国家安全密切相关的产业,会开始向"母国"回归。

5. 技术变革会进一步促进全球化的发展

正在进行的技术变革,例如,电子商务、视频会议、远程办公,这些技术会从另一个方面进一步促进全球化的发展。

在这次疫情事件之后,即使是在公司本部当地的员工,很多时候也不得不在家办公,大家都要采用上面说的那些新技术来开展业务,这时,5 公里和 5 000 公里其实没有什么区别。

总而言之,这一次的全球公共卫生事件,像是让全球化做了一次转弯,但不会逆行。转弯是变化,不是停止,而变化又意味着机会。我们应该关注的是那些新的驱动全球化发展的因素,这样才能更好地帮助公司应对全球化的动荡,甚至是从中受益。

"去全球化"与产业链脱钩

疫情结束后的"去全球化"和产业链脱钩问题备受关注。短期来看,疫情不会加剧"去全球化"。因为各国经济元气大伤之后,都想尽快恢复运转,最好的办法还是依赖全球化的高效分工体系,尽快恢复全球化秩序。

"去全球化"意味着要重建生产线、重新配套产业链、培训熟练的技术工人,这需要大量的时间和资本开支,在经济受疫情重创后,短期内不可能发生。

疫情不仅不会让外企大规模撤出中国,反而会吸引更多外资进入中国。在这场抗疫战斗中,全世界人民都见证了中国速度,而中国抗疫的成功更是彰显了极强的管理能力,产业链完备性,以及相对于其他新兴市场的制造业优势。

此次疫情之后,全球化秩序会尽快恢复,全球产业链的集聚化趋势也会加强,而中国,是非常有优势的国家。

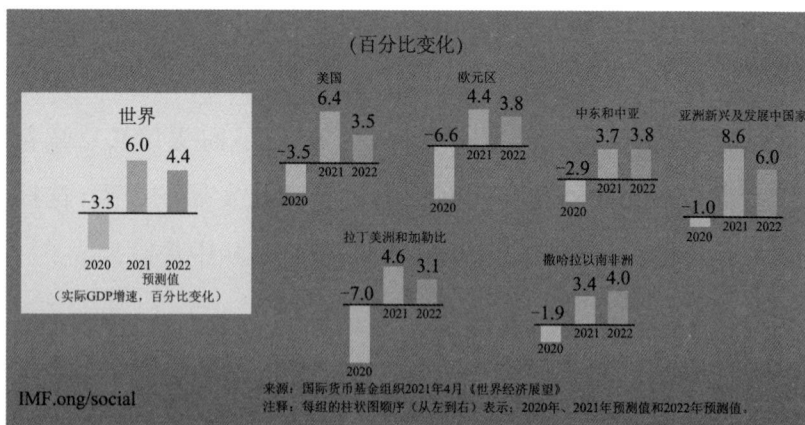

世界各地区经济增速预测

（图片来源：世界货币基金组织 2021 年 4 月《世界经济展望》）

    如上图，疫情对全世界的经济造成了很大的影响，现如今，当新冠肺炎仍在一些国家肆虐之时，大部分国家已经进入疫情后的恢复期。疫苗的接种减少了感染新冠住院和死亡的人数，各国政府正逐步取消居家令，经济也在逐步恢复中。

05 / 时间朋友：
你能接受慢慢变富吗

亚马逊创始人贝佐斯曾经问巴菲特："为什么没有人通过复制你的投资方法而拥有很多财富呢?"巴菲特回答说："因为没有人愿意慢慢变富。"

纵观大家熟知的富豪，他们的巨额财富都是慢慢积累得到的，而我们普通投资者的财富也只能是慢慢积累，这就需要我们一点点接受慢慢变富这件事。

不断在生活中积累本金

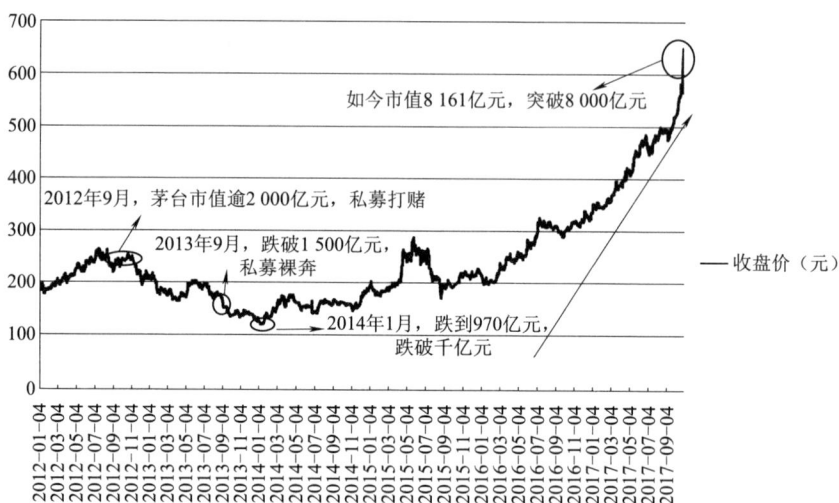

贵州茅台股价走势图

　　2021 年,贵州茅台酒股份有限公司的股票一路上涨,而茅台是 2001 年 8 月 27 日在上海证券交易所上市的,股票代码为 600519,发行的价格是 31.39 元。从 2001 年茅台集团上市起算,截至 2021 年,茅台的股价已经涨至几千元,茅台集团的市值在 20 年里翻了几番。

　　假设你现在具备了超能力,能坐上时空穿梭机回到 2001 年,告诉自己的父母,一定要买这家公司的股票,然后一直持有坚决不卖,那么,十几年过去了,你会不会也变成了富豪?

　　但是时光不可能倒流,即使当年你有投资的眼光,但是你也可能没有足够的钱用来投资,那你靠投资为生的"梦想"也不可能实现。所以,不断在生活中积累本金也是"慢慢变富"很重要的一个方面。

在投资中,**本金**很重要。很多人可能会觉得,通过工资积累太慢了,通过投资积累也一样,一部分人会选择去投一些好项目、好产品,在短时间内积累一笔财富,等积累好本金后,然后再做长期投资。如果你这样想,就走入了另外一个误区。

"负复利"与高收益

在生活中,我们确实总能看到有很多"短时间内翻了好几倍"的投资案例,但这背后有一个很大的问题是:投资界没有免费的午餐。当你去博取高回报时,对应的一定是更大概率的亏损。

而亏损会对我们的投资带来巨大的负面影响,亏损会导致"负复利"。**"负复利"**——就是影响复利增长的一些负面因素。

假设你是一个优秀的投资者,以往的投资都比较顺利,有一年你的运气不好亏损了 1/3,那么你想要"回本",接下来的投资收益就得变成了 50% 之多。复利在赚钱的时候有多正向,在亏钱的时候就有多逆向。

所以,你看到的那些短时间内翻了好几倍的投资,往往是小概率发挥了一次作用,但下一次就不一定是上涨了。短时间内不合理高回报的本质都是在跟概率"作对"。概率让我们短时间盈利,但不会一直盈利,这就需要我们长时间坚持。

很多人会发现,当你的投资开始亏损时,你只有投入更多的本金,去承担更多风险,赢得更多的回报,才能弥补之前的亏损,但是在这种情况下,投资者承担的风险也更大了,很有可能赔光所有的本金,还会负债。不要以为负复利只对大幅的亏损有作用,哪怕是相对小幅度的赔本,都会对你的长期投资回报率有很大的影响。

还有一种情况是,投资者投资了高收益的产品,也许前几年比较赚钱,但是这样的情况持续久了,投资者就再也不甘于回到慢慢赚钱的状态了。

其实这种状态,用心理学的"锚定效应"来分析就比较容易理解了。比如,商场或者超市打折的商品一般都会标上原价,然后再写上打折后的价格,因为原价起到了一种"价值之锚"的作用,客户就会觉得自己占到便宜,这个商品更容易售出。

在投资中这种效应也存在,如果投资者的运气好,挣得了50%甚至是更高的收益后,就不会再对那些只有5%或者10%的收益感兴趣。所以大部分投资者去选择那些表面看似可以收获高回报,却是高风险的投资,但是,每一个投资者永远逃不出一个怪圈:无论你有多少钱,你能亏掉的最大幅度都是100%。高风险投资有点类似于买彩票,放正心态,不要有太重的得失心,这才是一个比较好的心态。

第二章 2

多言数穷，不如守中：
什么是不变的趋势

穷人在为钱而工作，富人让钱为他们工作。

——《富爸爸·穷爸爸》

巴菲特的老师格雷厄姆找到了以安全边际为核心的"捡烟蒂"策略，在资本市场如鱼得水，成为价值投资的鼻祖。

"捡烟蒂"策略：以低于内在价值的价格买入，等待市场价格回归价值时卖出。他在提出这个投资理念时做了一个生动的比喻：在大街上捡到一只雪茄烟蒂，短的只能再抽一口，也许冒不出多少烟，但那毕竟是免费的。因此，该理念被称为雪茄烟蒂式投资。该理念的核心在于安全边际，强调的是即使是很平庸的公司，只要价格低于内在价值就有投资的价值。具体操作是：买入价格低于清算价值的公司股票，清算价值＝营运资本－负债。

彼得·林奇用自己的 PEG 策略，用 13 年的时间创造了从 2 000万美元到 140 亿美元的资本奇迹。彼得·林奇认为："任何一家公司股票如果定价合理的话，市盈率就会与收益增长率相等。"这就是 PEG 估值法。PEG 估值法综合考虑了低风险以及未来成长性的因素，可用于股票价值评估。

PEG 指标即市盈率相对盈利增长的比率，是由上市公司的市盈率除以盈利增长速度得到的数值。该指标既可以通过市盈率考察公司目前的财务状况，又可以通过盈利增长速度考察未来一段时期内公司的增长预期，因此是一个比较完美的选股参考指标。

巴菲特用护城河理论寻找"伟大"的公司来投资，他所倡导的价值投资已经风靡全球,但是很少有人能像他一样十年如一日的坚持下来,并做得那么好!

护城河是为防御敌人进攻而修筑的依靠河水的防御工事,闻名世界的紫禁城就有护城河。巴菲特在给投资者的信中常常喜欢强调"经济护城河"的重要性:"你们不要忘记经营企业如同守城,应当先考虑挖一条深沟,以便将盗贼隔绝在城堡之外……我们不一定要具备杀死恶龙的本领,只要躲开它远一点就可以做得很好了。"

普通投资者面对瞬息万变的市场,如何才能找到适合自己的策略和投资理念,十年如一日地坚持下去呢？股神巴菲特有句话或许是最好的答案:我从来在投资中都是找"万变中不变"的东西,这样能把风险降低。

01 超然心态：
永远保持场外赚钱的能力

　　场外赚钱能力的重要性有两点，一是让自己有不断加码手中头寸的能力，实现滚雪球效应，场外赚钱能力就是你的那个雪球在滚动过程中不断沾上的新雪，这样雪球才能越滚越大；二是能让自己保持对场内发生波动时超然的心态。

提高场外赚钱能力很重要

有过投资经历的人应该都会有这种感受：投资投的是心态。所谓"静默的投资人"就是指那些投资后心态非常好，对项目很放心，不经常打扰项目团队的合格投资者。

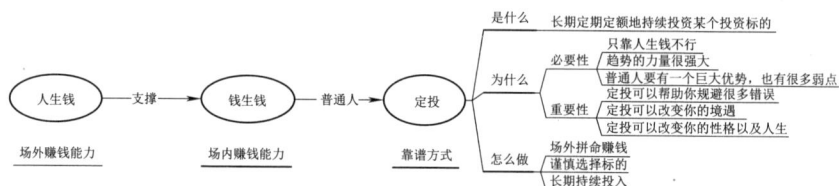

场外赚钱支撑定投

投资区块链，更是如此，那 7×24 起起伏伏的涨跌交易，非一般人所能够承受，相信很多币圈儿的投资者（也包括投机者）都曾经历过"寝食难安"的过程。如果心态不好的话，就很容易在跌跌涨涨中追涨杀跌，最终一无所获，只能被别人"割韭菜"。相反，如果心态好的话，就可以游刃有余，不被"割韭菜"。

投资与心态

从上面的叙述可以看出，投资是反人性的，投资投的是心态，那么什么决定心态呢？

1. 对投资标的的了解程度

有一个投资原则是：投资的绝大多数工作都应该在买入之前完成。在买入之前一定要对这个投资标的进行深入的了解，阅读相关资料，了解团队背景，做好尽职调查。

只有在深入了解了投资标的后买入，才能做到：宠辱不惊，看庭前花开花落；去留无意，望天外云卷云舒。只有投资者知道自己买的究竟是什么，才能睡得踏实，不然投资标的就变成了烫手的山芋。

2. 场外赚钱能力的高低

场外赚钱能力的高低决定了投资者对场内资金的看重程度，从而决定投资者的心态。如果场外赚钱能力高到投入场内的资金不足以影响投资者生活质量，那投资者就有了更好的心态去做价值投资了。所以，提高场外赚钱能力很重要！

假设我们已经做到了对自己的投资标的非常了解，已经投入了资金买入，但是这个标的大跌了呢？毫无疑问，这是抄底的好机会，而且可以拉低自己的持有成本价！（当然，也有可能只是半山腰，所以我们要"金字塔"买入。）

如果场外赚钱能力高的话，就有钱抄底；如果场外赚钱能力低就没钱抄底，机会就会白白流失。

另外，很多人采用定投的投资策略，圈内很多大佬定投某只基金，到现在，很大一部分人都实现财务自由了。但是，定投也是依托场外赚钱能力的,你场外赚钱能力低,1年共购入了1万元的某只基金,其他人场外赚钱能力高,1年购入了100万元的某只基金,但是收益率是相同的,只是收益不同而已,所以定投是没错的。

"你的场外赚钱能力已经不能满足你的消费能力了",这是一个做投资的朋友这样对我说的。

对于认知能力高的人来说,他们已经体会到认知提高带来的好处。他们更愿意花钱投资自己,他们的价值观是:注意力>时间>金钱。所以,他们会更愿意继续主动提高自己的认知能力和工作效率。

为了提高自己的认知能力,他们常常耗费一些资金买书、买专栏、买讲座、买课程等。换句话说,他们的消费能力提高了。但是,他们的场外赚钱能力并没有相应提升,所以,提高场外赚钱能力很重要!

提升了场外赚钱能力才能保持良好的投资心态。场外赚钱能力高才能有足够的资金抄底或者做定投。场外赚钱能力高才能匹配主动提升自我的消费能力。

由于我们很难预测在未来一段时间里,到底哪一个大类的资产会涨得最好,所以我们在投资的时候尽量多元分散,就是大家常听到的"资产配置"的概念。

不过你要知道,资产配置可不只是在资产品类这个维度做就行了,在地理位置这个维度上也要进行配置,即我们还需要提升自己海外资产配置的能力。

02

仿我者死：
价值投资怎么来的

价值投资是证券投资方式的一种表现形式，是指实业投资思维在股市上的应用。从通俗意义上理解，价值投资就是去买卖股票而非炒股，更多是去关注企业内在价值而进行的实际投资。

价值投资的理念

　　说到价值投资很多人都知道巴菲特和查理·芒格。在中国，查理·芒格有个学生叫李录，常常被称为中国的"巴菲特"。李录于 2020 年出了一本书叫《文明、现代化、价值投资与中国》，这本书很好地总结了什么叫价值投资，还特别提到了价值投资这一行的师承传统。

　　最早开始价值投资的人并不是巴菲特，而是一位比巴菲特更早的传奇人物，叫本杰明·格雷厄姆（Benjamin Graham，1894—1976）。几十年前的人们谈论格雷厄姆就好像我们今天谈论巴菲特一样，格雷厄姆在投资上也取得了巨大的成功，跟巴菲特不同的是，格雷厄姆是个学者型的投资者，他非常专业地把自己的投资方法写成了书，好像教科书一样。

　　根据李录的总结，价值投资的理念一共有四条，格雷厄姆贡献了前面三条，巴菲特贡献了第四条。

　　第一个理念是买股票的本质是买公司，投资是为了公司的价值，而不是为了投机。

　　一个公司之所以值得投资者拥有，不是因为它的股票会涨，而是因为这个公司能够创造价值。投资者（部分地）拥有一个能持续创造价值的东西，它给世界作出了贡献，所以根据私有财产应该得到保护的原理，投资者从中赚到的钱是自己应得的。

这就是查理·芒格所谓的"配得上"。你配得上不是因为你聪明，而是因为作为公司的所有者之一，你参与了一件创造价值的事儿。这让你感到很踏实，这个才是投资的正道。

第二个理念是忽略市场的短期波动。

市场不能反映公司真正的价值，市场告诉投资者的只是当前公司股票的交易价格而已，而交易价格常常偏离价值。

价值投资者眼中的市场是个情绪经常波动，时而疯狂时而消沉的家伙。市场不是一个好老师，它只是投资者取得公司拥有权的工具。

这个理念要求投资者把公司价值跟市场当前交易价格严格分开。这样投资者才能不受短期波动影响，专注于长期投资。

第三个理念是所谓"安全边际"。

因为对公司价值的估计具有不确定性，投资者一定要等到这家公司的股票交易价格"远远低于"——而不仅仅是"低于"——它的内在价值的时候再买。

投资者估计这只股票应该值 100 元，但这个估计可能是错的，也许它实际上只值 70 元。那怎么确保安全呢？答案是等到股价波动到 50 元的时候再买。

但是，不太可能会出现这种情况，所以绝大多数情况下投资者应该只看不买。投资者要看很多很多公司，等待很长很长时间。你就这么耐心等着，反正根据第二个理念，市场总有波动到让某一个好公司的股价低到离谱的时候——那就是投资者出手的时机。

这三个理念构成了一个完整的投资逻辑，这些都是格雷厄姆早在 70 多年以前就提出来的。

巴菲特贡献的是第四条理念——"能力圈"。

为了合理评估公司的价值,价值投资者必须是个通才,得从宏观到微观、从消费到科技什么都懂才行。投资者要深入分析表面看到的内容,包括亲自前往这家公司做现场调研,才有可能真正了解一家公司。但人的能力终究都是有限的,怎么可能什么都懂呢?所以巴菲特提出,钱是赚不完的,投资者不要指望什么钱都赚,能理解特定的行业和特定的公司就行了——但是千万别不懂装懂,莽撞行事。投资者得认清自己能力的边界。

"安全边际"还能用吗

在我看来,价值投资这四条理念,用两个字就能概括:捡漏。

大商家买入古董都是看得差不多就买,买很多,高抛低吸频繁交易,有赚有赔追求一个总体的盈利。价值投资者的做法则是整天在潘家园逛古董摊,天天看天天问价,但是只看不买。非得等到有不懂行的把好东西当白菜卖的时候,才非常坚决、非常大手笔地出一次手,正所谓三年不开张,开张吃三年。

绝大多数散户所谓的价值投资,不过是自我欺骗而已。你以为买了自己喜欢的公司股票放着不动就叫价值投资了吗?你的调研呢?你的安全边际呢?你的能力进圈了吗?你能坚持 50 年吗?

而读者一定会说,你讲这些理念是不是太虚了,具体怎么操作呢？那个"度"应该怎么掌握？股价比价值低多少的时候才能买？你不能脱离剂量谈论疗效，得给个数字才行！

格雷厄姆，其实是给出了数字的。格雷厄姆的投资方法非常细致，包括一些特别具体的操作标准。其中有一个标准是，如果一家公司的市值高于实际价值的 1.5 倍，就别买。

这个标准线比"安全边际"要高得多，安全边际是股价显著低于实际价值的时候才能买。所以这个标准应该是一条高压线，应该是铁的纪律。

那如果我们现在坚决执行格雷厄姆定的这个标准，会怎么样呢？

这个有人验证过了。豪泽尔在《金钱心理学》中说，如果投资者在 2009 年到 2019 年这十年间使用格雷厄姆的标准，能买的只有保险公司和银行的股票。

现实是，现在根本没有什么被严重低估的好公司等着投资者去捡漏，现在是大数据时代，潘家园任何风吹草动都在别人的模型之中。

价值投资是不是过时了

格雷厄姆的标准也许有些过时了，但事实上，格雷厄姆一直都在告诉世人他的标准会过时。格雷厄姆关于价值投资的思想最早是在 1934 年提出来的。1949 年，他出版了最著名的一本书叫《聪明的投资者》(第一版)。这本书已经改进了他 1934 年的操作方法。1954 年,格雷厄姆修订了《聪明的投资者》这本书,更新了第一版中的公式,提出了新的公式。

1965 年,他又修订了 1954 年的公式。1972 年版又修订了 1965 年的公式。1934 年到 1972 年间,格雷厄姆共更新了五次投资方法。

如果今天的投资者还完全用《聪明的投资者》这本书作指导,那就是尽信书不如无书。

事实上,在格雷厄姆最后的日子里,他可能把价值投资的根本理念都改了。他去世前有人问他:

"是否还会坚持对个股做详细分析,专注于'买公司'而不是综合评估整个市场的策略?"

格雷厄姆明确回答:"不会了。"

价值投资是不是过时了? 以我之见,这取决于投资者如何理解价值投资的"表象"和"本质"。具体的操作标准都是表象,注定要过时。价值投资的四条理念有没有道理? 我认为有道理。投资者要透过表象看到那些道理的本质。

可是"本质"通常又没什么用。谁不知道捡漏好? 你告诉我这种原则有什么用处,你得告诉我哪儿有漏才行。世间的道理就是这样:有用的都会错,不会错的都没用。所以你要出来做事就会犯错,你要想不犯错就只剩下道德优越感。

以史为鉴是让你"借鉴",是让你体会本质,不是让你生搬硬套表象。世间万物并没有绝对的本质。哪个是表象哪个是本质,你只能根据具体情境自己分析。

价值投资带来的教训

李录认为价值投资者永远都只占人群的5％，其余95％都会忍不住频繁交易的诱惑，所以价值投资永远都有机会。我对此表示知识上的认同。

我自己的看法是价值投资将会越来越难，越来越不适合散户。

我们从历史上看，价值投资这个事儿也许能带给投资者四个教训。

第一个教训是，人生不是算法，学东西不能机械照搬。

举个例子：适合巴菲特的不一定适合你，大部分人的时间、所在的地点、拥有的能力、占有的资源都没法跟他相比较。巴菲特能以股东身份直接干预一家公司的运营，他买一只股票会产生皮格马利翁效应，（皮格马利翁效应：指人们会不自觉地接受自己喜欢、钦佩、信任和崇拜的人的影响和暗示）。当巴菲特投资了一家公司的股票，很多人便会跟风，那这只股票的前景肯定是很好的，而对于大多数普通人来说，这都是不可复制的。

第二个教训是，高手真正的智慧不在于他们会使用那些规律，而在于他们发现了那些规律。

格雷厄姆了不起不是因为他是一个"价值投资者"，而是因为他开创了价值投资这个概念。

巴菲特跟格雷厄姆不一样,李录跟巴菲特也不一样。历史最爱奖励的是那些自己创造方法的人,而不是模仿别人的人。

齐白石说,"学我者生,像我者死"。我们真正要学习的不是那些高手的具体操作,而是他们"找到方法的方法"。

格雷厄姆找到了最适合当时股票市场,并且最适合自己的操作方法——然后还要不断地更新。实践、实验、试错、总结、更新,这些方法之上的方法才是投资者应该学习的。

第三个教训是,尽管很多东西会变,但的确有些规律不会变。

我们可以直接借鉴的是那些不变的东西。

具体的投资方法都会变,但是人们面对金钱决策时的贪婪和恐惧,人在压力状态下的行为,人面对激励如何反应,这些是很难改变的人性。

第四个教训是,考虑时间。

越是遥远的历史,就越是只能借鉴一些非常广义的、不具体的规律。如果投资者想利用一个具体的趋势,就只能参考近期的东西。

但这四个教训也无法直接套用,市场规律一直在变化,应当根据具体情况,使用具体方案,应当"随机应变"。

03 灵魂拷问：
投资中国股市能赚钱吗

前面章节我们了解到复利能创造投资神话，不过还是有很多人觉得，中国股市的表现不尽人意，还有一种说法就是"十年不涨"。很多人会有疑问，股票指数这么多年不涨，那我投资怎么可能赚到钱呢？

其实，中国股市场是具有投资价值的，而且相信未来 10 年 A 股都是很好的投资市场。可能大家会说，中国股市不成熟，但越是不成熟的市场，越会有机会，如果大部分投资者都足够了解投资的门道，市场足够饱和后，就更不容易赚钱了。

但是在这个市场中，对一般的个人投资者来说，想赚钱，其实是很难的，从以往的数据来看，亏钱的散户达 70％以上，即使在 2007 年和 2015 年那样的大牛市，也有人的投资是亏损的。

认识中国股市

我们经常在软件上看到的指数主要有三个：上证指数、深圳成指和创业板指数。

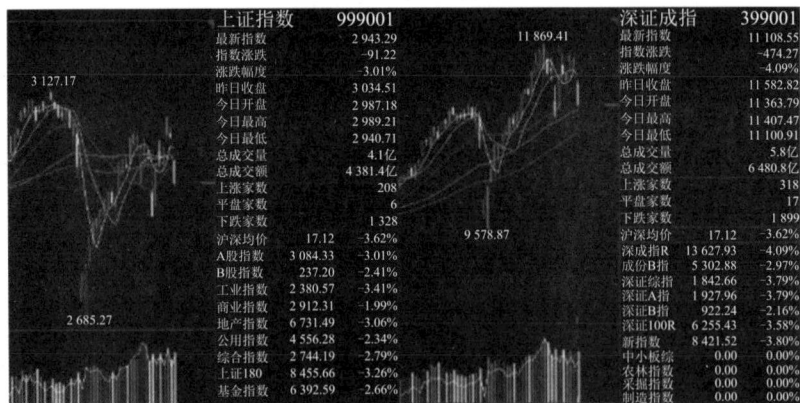

"深圳指数"即"深圳成分股指数"，是深圳证券交易所编制的一种成分股指数，从上市的所有股票中抽取具有市场代表性的40家上市公司的股票作为计算对象，并以流通股为权数计算得出的加权股价指数，综合反映深交所上市的A、B股股价走势。

创业板指数，是以起始日为一个基准点，按照创业板所有股票的流通市值，一个一个计算当天的股价，再加权平均，与开板之日的"基准点"比较。

为了更全面地反映创业板市场情况，向投资者提供更多的可交易指数产品和金融衍生工具的标的物，推进指数基金产品发展

以及丰富证券市场产品品种，深圳证券交易所于 2010 年 6 月 1 日
起正式编制和发布创业板指数。该指数的编制参照深证成分指数
和深证 100 指数的编制方法和国际惯例。至此，创业板指数、深证
成指、中小板指数共同构成反映深交所上市股票运行情况的核心
指数。

上证指数的编制缺陷

很多人之所以看中国股市"十年不涨"，很大一部分原因是因
为上证指数的编制缺陷。当你理解了这里面的门道，才算对股票
指数有了实际的了解。

我们经常看到一种说法：股市今天突破了 4 000 点，或者今日
大跌，股指回落到了 3 000 点等。这个数据参考的就是上证指数。

那么上证指数能不能代表中国股市的表现呢？大部分人都觉
得上证指数是比较权威的，也能在一定程度上代表中国股市的表
现，但事实正好相反，其实上证指数本身存在缺陷。

缺陷一：上证指数存在"失真"现象

上证指数全名上海证券综合指数，是上海证券交易所从 1991
年 7 月 15 日起编制并公布的上海证券交易所股份指数，至今为止，
它已成为我国影响力最深远，投资者关注度最高的股票指数。然

而很多时候它显示出来的数据都存在着一些"失真"的现象。

而在股票价格指数数据方面,由于上证综合指数是最早发布的指数,它的编制方法能体现出我国从计划经济向市场经济转化过程中的历史影响因素。上证指数以上证所挂牌上市的全部股票为计算范围,以发行量为权数加权计算出综合股价指数,这导致它将大量非流通股涵盖在权数内,平安银行、万科、格力电器、五粮液……这些我们耳熟能详的上市公司,全部都没包括在上证指数里。实际上,目前沪深两市上市公司大约有 3 600 家,上证指数里有 1 500 多家,数量约占 42%,而市值是 30 多万亿元,占 60% 左右,它的编制方法存在不完全科学合理的方面。

曾经的上证指数涵盖了超过 80% 的市值,但随着时代的发展,以它来作为中国股市的代表已经有些不合适了。

但由于大家的习惯和媒体对股票市场不是特别了解的原因,以上证指数代表中国股市的传统还是延续了下来,导致大家对股市的判断有所偏差。

缺陷二：上证指数对于新发行的股票纳入期非常短

一般新股上市之后,第 11 个交易日就会计入指数。但由于一些股民非常喜欢炒新,一般新股上来,各种散户和机构会把价格推得非常高,所以股票纳入指数之后估值也会偏高。随着这些股票价格回落,就会拖累整个指数的表现。

缺陷三:上证指数采用的计算方法是全市值加权,而不是流通市值加权

市值加权指数是指一种以每只成分股的流通数量乘以每只股票的价格为基础确定数值的股票指数,是以股票市值作为权重计算出来的指数。

流通市值是指在某特定时间内当时可交易的流通股股数乘以当时股价得出的流通股票总价值。在中国,上市公司的股份结构中分国有股、法人股、个人股等。只有个人股可以上市流通交易。这部分流通的股份总数乘以股票市场价格,就是流通市值。

它们的区别是什么呢?来举一个最典型的例子。比如,2007年上市的中石油,这个公司大部分的股份由国家持有,并不在市场上流通。但是上证指数会把整个公司的市值都计算进去,不管实际能买卖的有多少。

这样就会造成一个问题:中石油上市首日开盘价是 48.6 元,对应总市值 7 万亿元,直接计入了上证指数,一只股票就占据了当年整个指数的 25%。

到 2019 年,中石油市值蒸发已经有 6 万亿元,整个上证指数总市值也就是 30 多万亿元,想想这一只下跌的股票对整个大盘的影响有多大。

而且最关键的是,这个蒸发的所谓 6 万亿元市值,大部分都是不流通的,所以股民并没有真的把这些钱亏出去。但由于指数计

算的规则,使结果出现了偏差。

缺陷四:上证指数几乎是"只进不出"

作为一个全市场指数,也就是包含在上交所上市的所有公司的一个指数,上证指数几乎是"只进不出"的。

举个例子,美国标普 500 指数,反映的是美国最大最强的 500 家上市公司,而这个名单可以根据时代不断更替,一个公司进来,就要挤一个公司出去。所以这个指数可以一直保持优胜劣汰,保证新陈代谢。

同样,我们国家的沪深 300 指数的运作也是一样的,它代表的是沪深两市最大最好的 300 家公司,同样在优胜劣汰、新陈代谢,这样是比较科学的。

但是上证指数就没有这种淘汰机制,这就会导致一些垃圾股长期占据整个指数的名额。在上交所里,上市十几年,既没业绩,也不分红的很多公司占据着上证指数的名额,而这些公司的指数会影响整个指数数据。

由于这些问题,媒体和大众最爱引用的上证指数,其实是一个存在不少问题,不能完全代表中国股市表现的指数。

我们从 2005 年股市低点开始统计,到 2019 年一季度结束,市场几个主流指数的涨幅是:

上证指数涨幅 200%+,深证综指涨幅 280%+,沪深 300 涨幅 320%+,中证 500 涨幅 530%+,这个数据还不包括公司分红之后投资者直接获得的 1%~2%的现金回报。

选择什么样的指数基金购买

一般投资者都会问，选择什么样的指数基金购买？要回答这个问题，我们要先了解：**宽基指数、行业指数和策略指数。**

1. 宽基指数

宽基指数是我们最常见的、没有任何主观因素的、直接按照规则被动地复制市场表现的股票指数。含 10 只或更多只股票，单只成分股权重不超过 30%，权重最大的 5 只股票累计权重不超过指数的 60%。成分股平均日交易额超过 5 000 万美元，包含行业种类要多。

比如沪深 300、上证 50、中证 500、恒生指数、标准普尔 500、纳斯达克 100、基本面 50 等，都属于宽基指数。这几个指数应该是我们最常用，也最容易投资到的宽基指数了。

当然，基金公司还开发了一些选择标准不同的宽基指数，比如上证 50 指数，是跟踪上海证交所市值排名前 50 的股票；中证 100，是跟踪上海和深圳两家交易所市值排名前 100 的股票。

是否选择这类指数基金来投资，更多是看投资者的个人偏好和习惯。

2. 窄基指数

窄基指数是指那些集中投资的、特定的策略类、风格类、行业类、主题类的相关指数,指数风格非常鲜明,让人一看名字就知道成分股是哪类行业或主题的,因为只选择相关行业或主题,剔除了其他股票,所以它可选的范围比宽基指数要小。

　　一般来说,按照行业分类的标准,通常分为 10 个一级行业,分别为材料、可选消费、必需消费、能源、金融、医药、工业、信息、电信、公共事业。

3. 行业指数

　　行业指数是指代表各个行业涨跌情况的指数,例如,商业指数、地产指数、医药指数等。在上证指数或深成指数页面,利用"翻页键"向下一页一页翻动,就可以看见各行业的指数。目前,最常用的版本有钱龙软件、通达信、大智慧等。

大数据开发、智能硬件和图形图像需求增长最快,需求人员最多

各职位招聘数量增长率

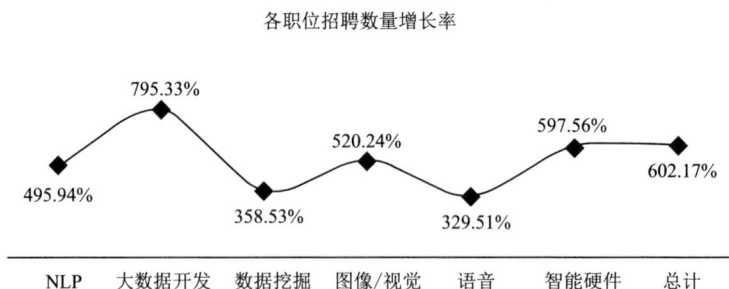

795.33%	597.56%	
495.94%	520.24%	602.17%
358.53%	329.51%	
NLP　大数据开发　数据挖掘　图像/视觉　语音　智能硬件　总计		

※ 数据来源于e成科技

行业指数基金是不是值得投资呢？行业指数基金与和宽基指数相比哪个更好呢？

如果你想要投资某个行业指数，不妨先问自己一个问题：你对这个行业，有没有超出平均水准的判断力？

很多人可能都会说，看好中国的医疗行业，看好中国的养老行业。所以想投资相关的指数基金。这个时候我总会反问一个这样的问题：

你的这种"看好"，有什么超出常人认知水平的依据吗？比如，我们都知道中国人口老龄化的问题，都知道随着生活水平的提高，未来医疗养老服务会不断升级，那么你知道的这些信息，是不是已经被反映在指数基金的价格里了呢？换个角度说，有多确定医疗行业在未来你的投资期限内，在两年、三年、五年内，会跑赢大盘呢？

如果你只是在媒体上看了一些消息，听到一些消息，就对一个行业开始看好的话，那么，宽基指数更适合你。

而如果你是某个行业的从业人员或者专家，又或者对某个行业观察和积累很深，那么投资行业指数会是不错的选择。

策略基金和"因子投资"基本是一回事。比如，你会看到各大基金公司会推出这样的基金：

大成中证红利指数基金；

景顺长城中证 500 低波动指数基金；

申万菱信沪深 300 价值指数基金；

嘉实基本面 50 指数基金。

这些基金本质上就是在把"因子投资"的理念应用在股市上。可以看出,以上的几个基金,使用了红利因子、低波动因子、价值因子和质量因子的理念。

普通投资者要不要购买带有因子策略的基金,不仅仅是个人偏好的问题,更多是从风险角度考虑。但不管你想购买什么因子,都要记住两点:

第一,因子也有轮动的现象,所以你买到的因子在一定时期内既有可能跑赢大盘,也有可能跑输大盘。

第二,每家基金公司构建因子策略基金的时候,采用的方式方法可能不同。比如,大家对什么是"低波动",或者什么是"价值""质量"的理解都不同,所以基金的表现也会不同。作为普通投资者,其实可判断的空间不大。

所以总体来说,普通投资者还是投资最常见、也最经典的宽基指数,至于行业指数和策略指数,可以作为核心持仓的一种补充,在自己能理解和接受的范围内,做一些配置就可以了。当然,也不要忘记查看这些基金的费用和成本。

在了解了指数构建的一些规则后,我们发现其实股市指数还是值得投资的,而宽基指数就是个不错的选择。

04 复利迷思：
复利投资是个神话还是陷阱

巴菲特说："人生就像滚雪球，关键是要找到足够湿的雪和足够长的坡。"当雪球粘上的雪越来越多时，雪球会变得越来越大，而越来越大的雪球又能粘上越来越多的雪，如此不断重复，雪球会大到不可想象。

只要是接触过理财的人，都知道"复利"，复利在很大程度上成了不少人成功背后的最大秘密，他们乐此不疲地向你介绍复利的概念，不断渲染复利给人带来的好处，提醒你只要掌握了复利的秘密，就可以走上人生巅峰。

怎么理解复利

复利,是指在计算利息时,某一计息周期的利息是由本金加上先前周期所积累利息总额来计算的计息方式,也就是通常所说的"利生利""利滚利"。即只要有利息产生,就把利息计入本金,等下次计算利息的时候,按照新的本金来计算利息的计息方法,与之相对应的叫单利。

复利计算的特点是:把上期末的本利和作为下一期的本金,在计算时,每一期本金的数额是不同的。复利的本息计算公式是:$F=P(1+i)^n$。

F:终值(Future Value),或叫未来值,即期末本利和的价值。

P:现值(Present Value),或叫期初金额。

A:年金(Annuity),或叫等额值。

i:利率或折现率。

n:计息期数。

复利计算有间断复利和连续复利之分。按期(如按年、半年、季、月或日等)计算复利的方法为间断复利;按瞬时计算复利的方法为连续复利。在实际应用中一般采用间断复利的计算方法。

如下表,例如:本金为 10 000 元,利率或者投资回报率为 8%,投资年限为 1 年,那么,1 年后所获得的利息收入,按复利计算公式来计算本利和(终值)是:10 000×(1＋8％)¹。

复利计算表

(单位:元)

年/收益率	8％	10％	15％	20％	25％	30％
1 年	1.080 万	1.100 万	1.150 万	1.200 万	1.250 万	1.300 万
2 年	1.166 万	1.210 万	1.323 万	1.440 万	1.563 万	1.690 万
3 年	1.260 万	1.331 万	1.521 万	1.728 万	1.953 万	2.197 万
4 年	1.360 万	1.464 万	1.749 万	2.074 万	2.441 万	2.856 万
5 年	1.469 万	1.611 万	2.011 万	2.488 万	3.052 万	3.713 万
10 年	2.159 万	2.594 万	4.046 万	6.192 万	9.313 万	13.786 万
15 年	3.172 万	4.177 万	8.137 万	15.407 万	28.422 万	51.186 万
20 年	4.661 万	6.727 万	16.367 万	38.338 万	86.736 万	1.900 百万
25 年	6.848 万	10.835 万	32.919 万	95.396 万	2.647 百万	7.056 百万
30 年	10.063 万	17.449 万	66.212 万	2.374 百万	8.078 百万	2.620 千万
35 年	14.785 万	28.102 万	1.332 百万	5.907 百万	2.465 千万	9.728 千万
40 年	21.725 万	45.259 万	2.679 百万	1.470 千万	7.523 千万	3.612 亿
45 年	31.920 万	72.890 万	5.388 百万	3.657 千万	2.296 亿	13.411 亿
50 年	46.902 万	1.174 百万	1.084 千万	9.100 千万	7.006 亿	49.793 亿

由于通胀率和利率密切关联,就像是一个硬币的正反两面,所以,复利终值的计算公式也可用以计算某一特定资金在不同年份的实际价值,只需将公式中的利率换成通胀率即可。

例如:30 年之后要筹措到 50 万元的养老金,假定平均的年回报率是 10％,那么,现今必须投入的本金是 500 000/(1＋10％)³⁰。

复利的计算

如果你对复利的概念还不是特别清晰,我们举个例子说明一下你就明白了。

假如你现在手里有 100 万元的闲置资金,用于投资某互联网公司,该公司承诺给你每年 10% 的投资回报率。

若以单利计算,每年可赚 10 万元,10 年一共可以赚 100 万元。

但若以复利计算的话,虽然第一年赚的也是 10 万元,但第二年赚的却是 110 万元(本金 100 万元＋第一年的利息 10 万元)的 10%,即 11 万元,第三年则赚了 12.1 万元……到第十年的时候,一共可赚得将近 160 万元,这就是**复利**。

比如,有李斯和王阳两个人,他们大学是同班同学,毕业后进入同一家公司工作,两个人所拿的薪水相同,不同的是李斯是个月光族,每个月都是赚多少花多少,而王阳就把自己的工资拿来投资,他每个月都会存下 1 000 元钱,这样 1 年存下了 12 000 元钱,他把存下的钱拿去做投资。

王阳投资的回报率是 10%,按我们上面提到的公式计算,那么在第一年,王阳存的钱就是 12 000 元。那么他第二年的收益就是在 12 000 乘以 1.1,因为它有 10% 的收益,然后他又继续追加 12 000 元钱,第二年他理财的最终收益是 25 200 元。

到第三年它的收益就是 12 000 乘以 1.1 的 n 次方减去 1,再除以(1.1－1)，其实就是乘以10，那么算下来就是 12 000×10×1.1 的 n 次方减去1。我们通过计算就可以得到在第二十二年的时候，王阳的收益可以达到 856 800 元，第二十三年差不多 100 万元了，即 90 多万元，第二十四年它的总收益是 1 169 968 元，而他 24 年下来总共付掉的本金是 288 000 元。

如果单从数字上看，王阳投资的本金和收益比大概是 1∶3，这是一个非常不错的投资。而没有选择投资的李斯在 24 年后，还是一个"穷光蛋"。

看完这个案例，你一定会觉得热血澎湃，复利原来可以让我们赚那么多钱！但实际情况却比这复杂多了。

我们先分析一下这个结果成立的两个条件：第一个条件是，要保证每一年把前一年所赚的钱和本金全部投进去，另追加 12 000 元投资；第二个条件是，要保证每年都有 10% 的收益率，保证了这两点我们才能实现 24 年赚到 100 万元的这个目标。

具体来说，假设你每一年都能存下 12 000 元，你需要把上一年投资得到的所有收益全部继续投进去，如果这是你能够用来投资的所有资金，那么也就意味着每一年你需要把所有的流动资产拿去投资，而这种行为与赌博类似，只有在赌博中，人会因为赌博的利益而失去理智，每次押注的时候才会把所有财产都押上去。

假设你坚持每年把全部流动资金拿去投资，到了第二十三年时，你的财产已经有 90 多万元，你后面还会把 90 多万元全都投入吗？这对很多人来说都是很难抉择的。

我们还不得不面对第二个问题，随着通货膨胀不断变化，我们的投资会不会每年都保持着 10% 的收益。

1997 年的经济危机,2008 年的金融危机,导致很多人的投资遭受巨大损失,到了 2020 年,随着新冠病毒的肆虐,我们又面临了一次很严重的经济危机。

纵观以往的经济规律,大概每 10 年或者每 10 多年就会经历一次经济危机。而如果你是按照自己 3~5 年内得出的经验,来作出未来几十年的投资决定,那其实是非常危险的。一旦遇到了一次大的经济危机,你的投资很有可能缩水 50% 以上。

复利投资有一定的投机性,需要强大的资金支持,更要保持良好的心态,复利投资对大部分人来说,是一个美丽的投资神话。

05 纵横经纬：
股票分类有什么门道

投资者进入股市前，必须要对股市有一个基本的认识，股市一直以来都是7亏2平1赢的状态，千万不要看着别人都赚钱了就认为股市遍地是黄金，其实股市也经常在变动，这就需要我们对股市有更多了解。

股票是股份制企业股东所拥有公司资产和权益的凭证。股票是股份证书的简称，是股份公司为筹集资金而发行给股东作为持股凭证并借以取得股息和红利的一种有价证券。上市的股票称**流通股**，可在股票交易所自由买卖。非上市的股票没有进入股票交易所，因此不能自由买卖，称**非上市流通股**。

每股股票都代表股东对企业拥有的一个基本单位的所有权。股票是股份公司资本的构成部分，可以转让、买卖或作价抵押，是资金市场主要的长期信用工具。

股票的分类

按照不同的维度，可以对股票进行分类。

1. 按照上市区域划分

根据上市地点和所面对投资者的不同，股票可以分为 A 股、B 股、H 股、N 股、S 股等。

（1）A 股

A 股的正式名称是人民币普通股票。它是由我国境内的公司发行，供境内机构、组织或个人（不含台澳投资者）以人民币认购和交易的普通股股票。A 股是我们在证券公司开立账户主要交易的股票。

（2）B 股

B 股的正式名称是人民币特种股票。它是以人民币标明面值，以外币认购和买卖，股票标的的企业是在中国境内注册，在境内上海、深圳证券交易所上市，主要面向境外的投资者，包括自然人和法人机构。

（3）H 股

H 股取 Hong Kong 的首字母，也称国企股，是企业注册地在中国内地，在香港联合交易所上市，供境外投资者认购和交易的股票，中国大陆地区只有机构投资者可以投资 H 股，大陆地区个人投资者目前尚不能直接投资 H 股。

以此类推，纽约(New york)第一个英文字母是 N，在中国境内注册，在纽约上市的股票就叫 N 股；新加坡(Singapore)的第一个英文字母是 S，在中国境内注册，在新加坡上市的股票就叫 S 股。

新入股市先了解 A 股即可，等有一定储备和经验后，再了解 H 股等。

2. 按股票代表的股东权利划分

（1）普通股股票

普通股是最常见的股票，股份公司在最初发行的股票一般都是普通股股票，由于它在权利和义务方面没有特别的限制，其发行范围最广且发行量最大，故股份公司的绝大部分资金一般都是通过发行普通股股票筹集而来。普通股的持有者具有的基本权利有：一是公司决策参与权，二是利润分配权，三是优先认购股权，四是公司破产清算剩余资产分配权。这些权力的大小与持股份额的大小有直接关系。

①公司决策参与权。持有公司股票的股东可以通过参加股东大会来行使对公司经营状况的监督权、知情权和决策权。一般来说，股份公司每一年度都至少要召开一次股东大会，在遇到重大事件时还要召开临时股东大会。在股东大会上，股东除了听取公司董事会的业务和财务报告外，还可对公司的经营管理发表意见，参加公司董事会和监事会的选举。持有一定比例股份的股东还可以召集和主持股东大会，并在股东大会提出临时提案。如果发现公

司管理层违法失职或违反公司章程而损害公司利益时,普通股股东有权向法院提起诉讼。

②**利润分配权。**公司经营所得利润在偿还完债权人的利息和完成纳税义务后,将其中一部分税后利润向普通股股东分配,也就是通常所说的红利。与债券收益不同,红利收入取决于公司的经营水平,具有很大的波动性。在偿还顺序上,股份公司必须在偿还完债权人利息和支付完优先股股东股息后才能给股东分红,这也就决定了红利的风险要高于债券利息的风险。上市公司分红有两种形式:向股东派发现金股利和股票股利。上市公司可以根据情况选择其中一种形式进行分红,也可以两种形式同时并用。在美国,大多数公司发放现金红利的数额约占公司税后净利的40%~60%。公司红利发放时间大都是按季度进行,每一季度分发一次一定数量或一定比例的红利。

③**优先认购股权。**当股份公司发行新股增加资本时,按照原股东的持股比例,给予其在指定期限内以规定价格优先认购一定数量新股的权利。该权利产生的目的在于保证原股东对公司的控制权不因资本的增加而受到削弱,也就是通常我们所说的配股。当普通股股东不愿意参与配股时,可以放弃配股,或者将该项权利转让给他人。

④**公司破产清算剩余资产分配权。**当公司决定进行破产清算时,在向全体债权人清偿其全部债务之后,股份持有人有权按照比例分配其剩余的资产。

（2）优先股股票

优先股是享有优先权的股票，通常被认为是介于股债之间的品种。与普通股相比，优先股的风险要小很多，对应的在权利方面也受到一定的限制。根据 2013 年 12 月 13 日证监会发布的《优先股试点管理办法征求意见稿》的内容，把优先股发行主体限定在了上证 50 指数的成分股，优先股和普通股的区别主要体现在以下几个方面：

①利润分配不同：股份有限公司向优先股股东支付固定的股息。优先股股票实际上是股份有限公司的一种举债集资的形式，股息区别于红利，特指优先股所分配的收益，红利和股息统称为股利。在偿付顺序上，只有在公司偿还了债权人的利息，才能支付优先股股东的股息。如果企业在年度内没有足够现金派发优先股股息，普通股是不能分发红利的。股息数量由公司董事会决定，但当企业获得优厚利润时，优先股不会获得超额利润。

②权利不同：优先股除了拥有优先发放股息的权利之外，当企业宣布破产时，在企业资产变卖后，只有在全面偿还优先股股东的债务后，剩下的才由普通股股东分享。通常优先股股东没有参与企业决策的投票权，但在企业长期无法派发优先股股息时，优先股股东有权派代表加入董事会，以协助企业改善企业财务状况。优先股股东也没有新股的优先认购权，和普通股股东一样不能要求退股，但是大多数优先股都附有赎回条款，一些在美国和香港上市的互联网公司为了激励早期员通常采用这种方式。

3. 按照股票前面的标识划分

(1)ST 股票

＊ST 股票。ST 是英文 Special Treatment 的缩写,意思是"特别处理",是上市公司出现财务状况异常或者其他异常情况,导致其股票存在被终止上市的风险,投资者的投资权益可能会遭受损失时,证券交易所对该公司股票交易实行特别处理的政策,该政策自 1998 年 4 月 22 日起实行。

具体来说,ST 股票是指境内上市公司连续两年亏损,被进行特别处理的股票。＊ST 股是指境内上市公司经营连续三年亏损,被进行退市风险警示的股票。如果股票前面直接加了"＊",是确定退市的股票,该类型的股票不要购买,风险极高。

(2)S 股票

股票前面标注 S,意味着股权分置改革还没有完成的股票,截至 2021 年,仅剩一家公司的股票没有股改。

(3)N 股票

沪深两市每逢新股上市首日,在该新股的中文名称前加注"N"以提醒投资者。凡股票名称前加注"N"的股票均为当日上市的新股。

(4)XR,XD,DR 股票

XR,XD,DR 是股票前面的标识。

XR:代表送股以后除权。

XD:代表分红以后除息。

DR：代表送股和分红后除权除息。

4. 按照股票盈利、增长等特色分类

（1）蓝筹股

在股票市场上，投资者把那些在其所属行业内占有重要支配性地位、业绩优良、成交活跃、红利优厚、股本规模大的公司股票称为蓝筹股。"蓝筹"一词源于西方赌场。在西方赌场中，有三种颜色的筹码，其中蓝色筹码最为值钱，红色筹码次之，白色筹码最差。投资者把这些行话套用到股票上。在美国，美国通用汽车公司、埃克森石油公司和杜邦化学公司等股票，都属于"蓝筹股"；在中国，上证 50 指数的成分股是蓝筹股的典型代表，包括贵州茅台（600519）、中国石油（601857）、工商银行（601398）等。

蓝筹股并非一成不变，随着公司经营状况的变化，上证 50 等指数的成分股会不断调整，将新的业绩优良、符合标准的股票调整进来，将不再符合标准的股票剔除出去。据美国《福布斯》杂志统计，1917 年的 100 家最大公司中，到 2010 年只有 43 家公司股票仍在蓝筹股之列，而当初"最蓝"、行业最兴旺的美国铁路股票，如今完全丧失了入选蓝筹股的资格和实力。蓝筹股在大盘的权重较大。

（2）红筹股

红筹股（Red Chip）是指在中国境外注册、在香港上市的带有中国大陆概念的股票。"带有中国大陆概念"主要指中资控股和主要业务在中国大陆。如果在境外注册，但并非香港上市的有中国概

念的股票,统称为"中概股"。早期的红筹股,主要是一些中资公司收购香港中小型上市公司后改造而形成的,如"中信泰富"等。近年来出现的红筹股,主要是内地一些省市将其在香港的窗口公司改组并在香港上市后形成,如"上海实业""北京控股"等。

(3)白马股

白马股由"白马王子"一词而来。人们将业绩稳定优良,回报率高,具有较高投资价值,具有成长性,但是还没成为蓝筹权重的股票称为白马股。白马股一般有着优良业绩,较高的分红能力,同时也有着高成长、低风险的特点,因而具备较高的投资价值,往往为投资者所看好。白马股一般集中出现在家电、电子、食品饮料、酒类、医药等有持续需求,具有一定成长性的板块。

(4)黑马股

黑马原本指在赛马场上本来不被看好的马匹,却能在比赛中成为出乎意料的获胜者。反映到股市上,黑马股是指投资者本来不看好,却能够异军突起,价格可能脱离过去的价位而在短期内大幅上涨的个股。黑马股多出现在底部区域,以低价位启动。一般在具有一定成长性的中小盘股票中,有一定概率出现黑马股。

(5)龙头股

龙头股指的是某一时期在股票市场中对同行业板块的其他股票具有影响和号召力的股票,它的涨跌往往对其他同行业板块股票的涨跌起引导和示范作用。该类型股票在某个基本面上具有垄断性,股票市值居中,大市值和小市值的股票都不可能充当龙头股,在大盘上涨时有多个涨停板,在大盘下跌时,比大盘提前见底,

或先于大盘启动。2015年创业板的典型龙头股为东方财富网
（300059）。

（6）妖股

股市上通常把那些股价走势奇特、怪异的股票称为"妖股"。
该类股票暴涨暴跌，完全脱离大盘走势，基本面、技术面均难以解
释股票的价格走势，该类型的股票出现在中小盘股票的概率
居多。

（7）成长股

成长性比白马股要高的股票，公司往往正处于高速发展的阶
段，业绩增长速度远远超过整个行业的增长速度，这类股票就是成
长股。这类股票往往对应的是一些有发展前景的中小公司，以高
新技术和科技类公司为主，通常都有技术护城河，也就是有着市场
上很稀缺的技术能力。

比如，某公司，它的语音合成核心技术代表了世界的最高水
平，这家公司的技术护城河是很强的。

再者因为要把资金更多地投入到未来的发展中去，所以成长
股的分红普遍会比较少。投资成长股，我们应该关注的重点是企
业的未来，从各方面去判断它未来几年能否快速增长。如果判断
正确，将会给投资者带来很大的投资收益。但这比投资白马股要
难，因为成长股所在的新兴市场存在着太多的不确定性，谁也不能
准确预测一家企业未来的发展。

（8）周期股

周期股和宏观经济高度相关。一般来说，经济繁荣时它的市

场需求会上升，而经济萧条时它的需求则会减弱，业绩也会对应地上升或下降。

周期股所处的行业主要包括：作为工业基础原材料的大宗商品，例如，钢铁、煤炭、有色金属、原油、农产品、水泥等，还有机械、造船等制造业，港口、远洋运输等航运业，以及汽车、房地产这样的非生活必需品行业。投资周期股，在行业低迷的时候买入，等待行业回暖的时候卖出，通常能获得不错的收益。周期股最大的风险在于，错误地判断了周期。投资周期股需要对宏观经济有较深入地了解和判断，并根据经济的波动进行自上而下的投资，这涉及方方面面的知识和信息，难度较大。

（9）概念股

不管是蓝筹股、白马股、成长股还是周期股，它们都可能属于某一种概念或话题。

举个例子，我们说新能源汽车概念，里面可能就包含很多股票，比如，创力集团、龙星化工、江苏国泰、钱江摩托、中国动力等股票。

什么意思呢？就是说，只要和新能源汽车沾上边的，都可以说是它的"概念股"。

新手最好先避开能源行业，能源市场受地缘政治影响不可控因素太多。不能反映市场规律的行业也不大适合新手上路，这对投资者的要求是比较高的，需要投资者时刻关注国家政策的最新动向和热点事件。如果在操作上出现了一定的**滞后性，钱赚不到反而被套牢**，这是经常发生的事。

5. 股票的其他类型

(1)按股票持有者可分为国家股、法人股、个人股三种。

(2)股票按票面形式可分为有面额、无面额及有记名、无记名四种。

(3)按享受投票权益可分为单权、多权及无权三种。

股票代码常识

有了上面的基础知识，再来说说股票的代码。这里仅说说A股。

目前A股共4 000多只股票，主要分为深市和沪市。

沪市A股

沪市A股的代码是以600、601或603开头。

沪市B股

沪市B股的代码是以900开头。

创业板

创业板股票的代码是以300开头。

科创板

科创板股票的代码是以688开头。

深市A股

深市A股的代码是以000开头。

中小板

中小板股票的代码是以 002 开头。

深圳 B 股

深圳 B 股的代码是以 200 开头。

新股申购

沪市新股申购股票的代码是以 730 开头。

深市新股申购股票的代码与深市股票买卖代码一样。

配股代码

沪市股票以 700 开头,深市股票以 080 开头;权证,沪市股票是以 580 开头,深市股票是以 031 开头。

当你了解了股票分类,可以根据自身的特点,定向地去选择最适合自己的股票类型,从而在你投资生涯上开个好头,少走些弯路。

06
不如守中：
找准卖出股票的好时机

投资的核心是找到目前被市场忽视但未来有很大发展空间的成长型股票。选好股票之后，要想获得更高的收益，就需要把握好进出的时机。在这之前，首先得确定好自己是什么类型的投资者。

短线投资、中线投资和长线投资

短线投资通常是指在短期内谋取股票差价收益的投资。投资者想通过投资赚取短期差价收益，而不会花一些时间去关注股票的基本情况。一般的短线投资者通常都是选中一只股票投资 2～3 天，一旦没有差价可赚或股价下跌，就会去买其他股票，一月以内的股票买卖都称为短线。

中线投资是期限适中的投资。多数股市投资者都选择中线投资，因为这种投资是三种投资中风险最小的，而且在需要资金时，可以很快套现出市。中线投资者大都对投资的股票进行了大量分析，对上市的某家公司非常看好，并在这家公司的股票价格适中时买入，一般持有一个月甚至半年，慢慢等待升值，收取利润。

长线投资是对想要投资的公司比较看好，不看所选股票短时间内的升降幅度，而选择在该只股票价格相对较低时买入，长期投资的周期在一年以上。

长线看重的主要是长期的价值投资，就是投资于公司的基本面，投资者希望很长的时间里，公司能持续的成长，持续的发展，投资的是这个公司的实际价值。

好多投资者分不清自己是炒短线的还是长线的。一只股票几天时间涨了不少，就快速卖出，这是**短线投机**，享受这种赚快钱的快感。股票跌了被套牢了，包括长线价值投资，那就一直被套牢着，这是不对的，不能说股票涨了，就是短线；股票跌了，那就选择长线价值投资。

选择短线或长线，我们具体该参考哪些因素？或者说，哪些因素决定我们什么时候该卖股票。我的风格主要以长期投资为主，我认为散户在炒短线，玩技术指标的时候，是不占优势的。

长期投资者的股票策略

现在好多机构在做短期波段的时候，都是用量化计算，甚至用AI人工智能去直接计算，在多空博弈里面，人脑跟计算机电脑互相博弈，谁赢谁输，一目了然。我之前也做一些短线操作，但是效果并不好，后来就转成长期价值投资了。

1. 长期的投资者该在什么时候卖股票

长期投资，投资的是这个公司的价值，我们拿特斯拉举例，一些投资者就炒短线波，股票涨一波就收手，有这种思路是非常好的，落袋为安并没有毛病。

但是如果长期价值投资者，在投资特斯拉后，就希望5至10年甚至10年后这只股票前景无限。价值投资者投资的是它的价值，等公司发展壮大了，股价自然会上升，这是长期价值投资的心态。

2. 长期价值投资者决定卖出股票的考虑因素

长期价值投资者应该考量哪些因素来决定是不是该卖出某只股票？具体来说，有五方面：第一是公司的基本面，第二是个人的资金状况，第三是仓位状况，第四是看看有没有更好的投资标的，第五是税务因素。

（1）公司的基本面

如果一家公司基本面没有问题，公司的基本面越来越好了，这个时候我们是没有理由去卖这只股票的。还是以特斯拉举例，如果这个公司的基本面朝着一个更好的方向发展，所以我们没有任何理由会卖掉特斯拉的股票。

公司的基本面又包括很多内容，比如说，公司的财务状况、公司的 CEO、公司的管理团队、公司的成长、收入成长等因素，这些都可以归结到公司的基本面里面。

如果这些因素都没有发生重大变化，而是向着一个好的方向去发展的时候，我们应该考虑去买这个公司的股票。

但如果这些基本面其中任何一个因素发生了本质的变化，比如说，CEO 离任，或者出了什么意外，那我们就得考虑，是不是要卖股票，或者当该公司的财务出现了问题，可能导致破产，那这时候就该考虑卖股票。

（2）个人的资金状况

除了要看基本面，投资者还要经常审视自己的资金状况。有些投资者，家里面都揭不开锅了，还要买股票，这是不对的。如果你家里急用钱，那还是应该考虑把股票卖出。例如，有的投资者拿着本应该给小孩买奶粉的钱去买股票，我是不建议的。

（3）仓位状况

如果你的资金比较短缺，那就应该果断卖股票。当你的仓位高了时，也应当卖股票。

仓位状况就是要看看投资者整个仓位的比例，比如，最近一段时间股市高位，投资者如果还是满仓，那这个时候建议应该卖股票，囤出一部分的"子弹"。当投资者"子弹"不足的时候，就要经常审视自己的仓位，要卖出一些股票。

当然有些投资者每个月都有稳定的现金流进来，有足够的"子弹"作为补充的话，可以不卖股票。

（4）更好的投资标的

我们经常要看有没有更好的投资标的，比如说，你现在持有一只股票，觉得比较鸡肋，卖了又可惜，突然有一天你发现了一个更好的投资标的——发现有一个更好的生意，这个时候我们就应该把这部分鸡肋股票卖出去，去换心目中更好的投资，未来很可能会给你带来更大的收益。

（5）税务因素

最后一个因素就是我们所说的税务因素。炒短线跟长线持有股票交税是不一样的，简单来说，就是短线的股票盈利交税更多。

所以税务因素也是一个考量，比如说，有一个股票你已经持有了将近一年，当你现在犹豫卖不卖的时候，你就可以考虑把它持有一年以上,这个时候你再去卖出就属于长期资本利得,那要交的税就会少很多。

我们说的"不如守中",可以遵循一定的原则,如我们通常所说的估值,估值最能体现出来上市公司的合理价值中枢,当价格被高估或低估的时候,也就是说,当价格远离中枢的时候都要引起我们的警惕,太高了要防止它跌下来,跌深了迟早要涨回来。股票也是如此,价格始终是要向价值回归的,所以"不如守中",就是守这个"中"。

3

第三章

逝者如斯夫：
什么是变化的趋势

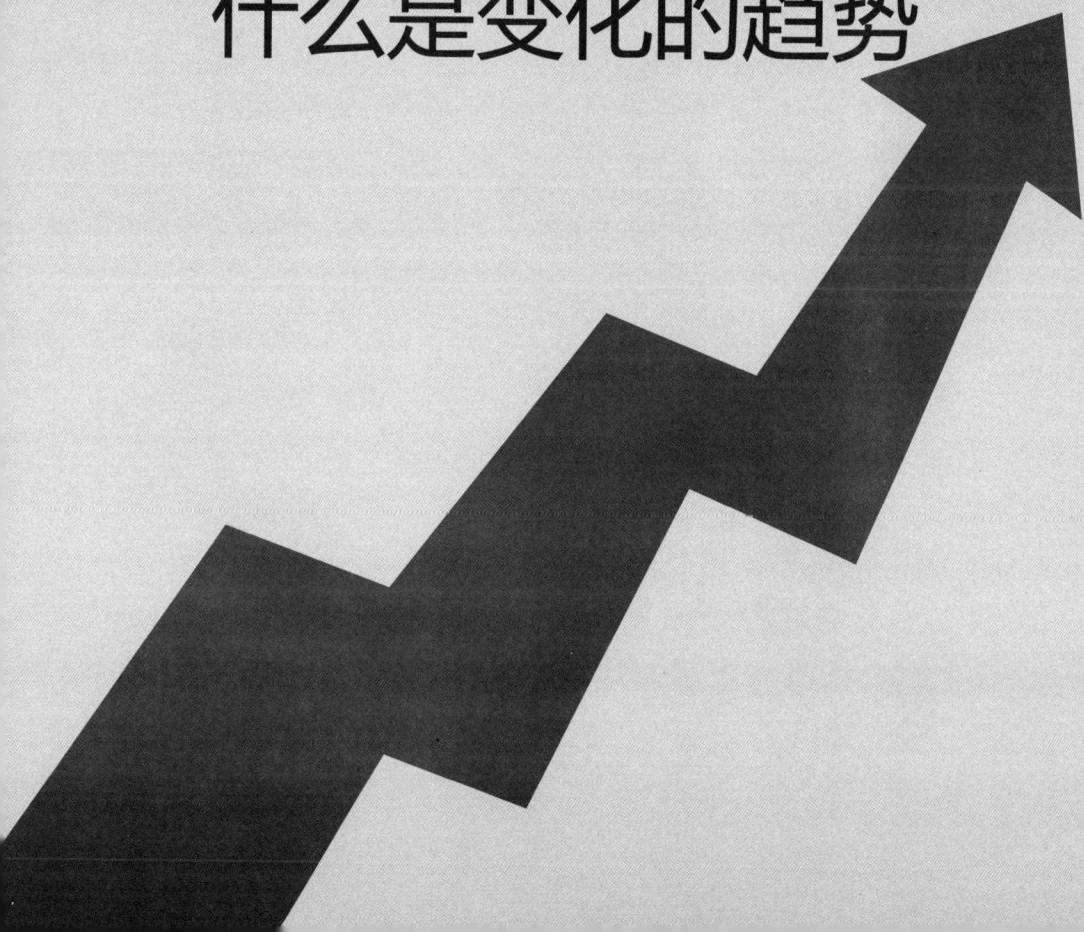

投资很简单，但不容易。

——沃伦·巴菲特

肯尼斯的股票投资就问三个问题：第一个问题是我的观念中哪些是错误的？第二个问题是他人觉得深不可测的事情，我能了解多少？第三个问题是大脑中究竟是什么在误导我？

随着社会的不断发展，人们的收入也不断增长，很多人开始注重理财，投身于股票、基金领域。

2020年突如其来的新冠肺炎疫情，对经济增长有一些影响，但股市却一路看涨，很多人也在股市或基金领域收获颇丰。2020年情况比较特殊，是从价值投资转向趋势投资的一年，很多优质股票涨了几倍甚至几十倍。

苹果的市值涨了88％，特斯拉涨了7倍，蔚来汽车涨了11倍，茅台市盈率高达67倍……

其实，要做好投资很不容易，只选择为数不多的几只股票是不够的，还要了解社会的投资逻辑。要在趋势投资时代获利，必须学会抓住风口，挖掘潜力股，也要会判断产业领袖。

雷军曾说过一句话："站在风口上，猪都会飞起来。"提前判断风口，就能找到前景不错的企业。而处于风口之中，提升空间比较有限，只有提前找到潜力股，才能实现更高的回报。投资者只要能挖掘到这样的未来领军企业，再重仓长期持有，一定会获得高额的回报。

要做到这一点，不仅要懂股票，更要懂科技企业，懂科技产业，抓住机会的就会越来越成功，没抓住机会的就会掉队。

01 / 入场时机：
"高抛低吸"真的能实现吗

为什么大盘上涨几百点，你的股票却还是原地不动？为什么大盘走势很好，你一入场就被套牢？其实这是因为你没有看清楚"买卖"这个交易的本质而已。这也就解释了为什么明知"高抛低吸"才能赚钱，很多人却总是"追涨杀跌"，被割了"韭菜"。

何为"高抛低吸"

高抛低吸（High throw bargain — hunting）是一种股票的波段操作，也是做股票的核心秘诀。高抛低吸，最重要的是把握节奏，最高点抛出，最低点吸收进来，从而做到高抛低吸。高抛低吸听起来像是一个简单的真理，其实作为一种操作方法，高抛低吸还含有另一层含义，即在股价冲高时卖出，在股价下跌时买入，这两种概念共同构成了实战操作中的"高抛低吸"。

"高抛低吸"是股评中最常出现的一个词语。每个人都知道这是股市挣钱的绝对真理。但很多人总去猜大盘或个股的短期涨跌，无法真正做到"高抛低吸"。

大家都知道商人以低价进货、高价卖货，中间的差价就是利润。我们熟悉的股票其实也可以理解为一门生意。股票市场里，人们基于对企业的认知，判断企业价值，低价买入股票，期待高价卖出，以赚取收益。这就是大家普遍认为的高抛低吸的快速赚钱方法。

何为高，何为低

在高位出固然没错，但如何知道股价冲高时就一定是"真正的高位"呢？换句话说，当前的高位是不是就是最高位呢？股价冲高后会不会继续冲高呢？此时的高位会不会变成后面最高价位的

"低位"呢？有关"低吸"的概念也存在着相似的问题。

高抛低吸往往不是为了获得超额收益,而是一种收益锁定的手段。高抛低吸需要很大的勇气,通常的操作手段是越跌越买、越涨越卖,这是对基本面进行了全面、深入的研究后,以价值投资为出发点得出的投资结论。因为当前交易品价格已经偏离了商品的实际价值,最终交易价格会回归合理价格,除非判断错误,否则是不能轻易止损出局的。

为什么很难做到"高抛低吸"

在投资的时候,我们都知道高抛低吸才能投资赚钱,但是在实际操盘过程中,我们却总是选择追涨杀跌,最终不是被套牢,就是亏本。这也就是为什么很多人都知道"高抛低收",却很难做到,这背后的原因很复杂,但是道理却很简单。

一般来说,致使投资者出现投资滑铁卢的并不是他们的理性分析,而是投资者意识不到的一些直觉和情感。有大量研究表明,当人们面对等量的损失和收益时,损失带来的冲击更大。

正因为如此,大多数人很难精准的推断出高抛的点,在自己认为"高"的点抛出之后,股价也有可能继续上涨而错失了利润最大化的机会。很多时候,有赚钱的机会没赚到和亏钱在人的大脑层面得到的反馈一样,都是失去;在心理层面得到的负面情绪也是一样,都是痛苦。而低吸的结果很可能是无底洞,投资者不过是低位接盘侠罢了。一旦建立了"高抛低吸"这种交易的习惯之后，它就会成为一种莫名其妙的常态。

既然"高抛低吸"难以操作，那我们应该怎么办呢？

股票市场是少数人挣钱的场所，短线投资的"高抛低吸"会造成大多数散户赔钱。如果投资者知道了这个道理，就不去做投资了吗？有没有办法化解这种情况呢？

高抛低吸或许未必能利润最大化，或许也不一定每次都是胜券在握，但是至少能最大概率保证自己的安全边际，保住本金，保证自己的适度收益，如果能和时间做朋友，长期的复利也会跑赢市场的大多数投资人。

美国的投资家查理·芒格经常说一句话："头脑简单的人思维就好比一个锤子，他看任何问题就好比一个钉子，认为一个理论就可以解决所有问题。"

股票市场有各式各样的规则，需要投资者不断地研究和把握，唯有吃透投资的规则，才能作出较为精准的预测和操作。股票市场在哪种情况下回转，在哪种状况下反弹？在什么时刻见顶，在什么时刻周期震荡？市场主力选择何时入场，何时离场？庄家炒作个股时何时建仓？如果投资者不管这些市场规则，仅仅跟着感觉走，那么就将无法判断何时是出货的高点，何时是进货的低点。

投资不是一个简单的事情，投资是一门学问。投资者不仅要了解众多的投资技术，还要看得懂专业的投资模型，更要了解宏观状况、市场情绪以及重大事件等这些因素。可以说，投资市场是由多种变量共同做功的结果，并不是靠着高抛低吸就一定有胜算。

风险资产：
黄金还是比特币

过去20年，人们通过购买房产来对抗风险，中国人财富增长的主旋律是房子，未来是高波动的年代，投资的两大方向之一就是"寻找安全资产"，之前我们讨论了第一个安全资产是大城市的房子，其次要说的是黄金和比特币。

黄金与黄金的投资

黄金（Gold）是一种质地坚硬，比较稀有的贵重金属。国际上一般都是以盎司作为黄金的单位，而中国古代是以"两"作为黄金的单位。黄金通常是用于储备和投资的特殊通货，同时又是首饰业、电子业、现代通信业、航天航空业等部门的重要材料。

黄金本质上是一种贵金属资产，黄金在历史上充当了世界货币的职能，相比纸币，黄金是具有真实价值的，备受全球人民认可，这是一种价值共识。

1. 黄金的性质

黄金本身是货币，从有人类文明以后，可以看到大家把黄金视为货币，虽然现在金本位已经被打破了，黄金依然是一种超越主权的货币。黄金具有避险的特性，所谓盛世古董，乱世黄金。所以越是面对未来具有不确定性的事件，黄金反而越有它的避险价值。可以说，黄金是一种对通货膨胀的对冲。

2020 年新冠肺炎疫情横扫全球，导致一系列问题出现：首先是原油暴跌，百年未见的市场熔断，然后是史无前例的各国金融监管机构放水，史诗级的资产价格反弹和哀鸿遍野的经济形成鲜明对比。

再接着，美国国内问题不断，美国大选选情和中美贸易争端交织在一起，之后地缘政治风险不断酝酿，亚美尼亚和阿塞拜疆开火，伊朗和以色列冲突加剧。这么混乱的局面,黄金价格不断暴涨:从2020年1月2日的每盎司1 284美元,一直涨到8月6日的最高点2 063美元,创下黄金在人类历史上的新高。一直到11月以后,随着美国大选基本尘埃落定,新冠疫苗的重大突破,让疫情平息有了时间表——两个大的不确定性看上去正在消失,黄金价格也随之回落,12月以来一直徘徊在1 810美元到1 860美元之间。

2. 2020年之后,黄金的投资逻辑会变吗

黄金目前已经突破1 700美元/盎司,是近8年来新高,上一次高点是在2011年9月,正值QE2(第二轮量化宽松)。黄金未来两年还有较大(比如,不低于20%)的收益;黄金价格在此期间会有较大幅度的上下波动;未来两年,黄金是安全资产,黄金避险性质在可见的未来将持续加强。

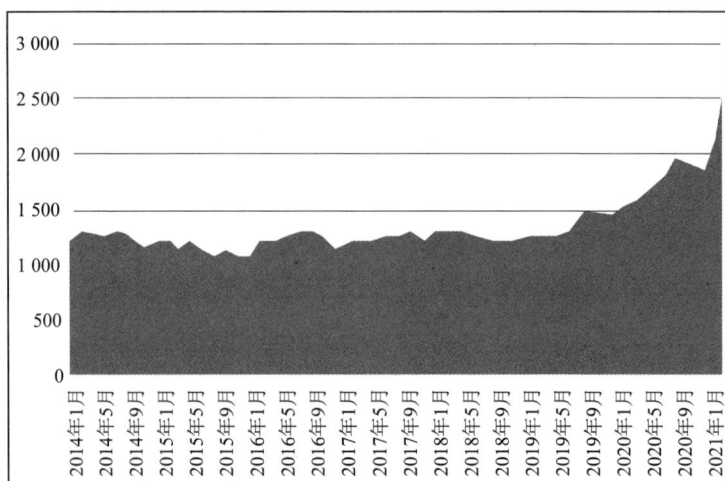

2014～2021年2月黄金(英)国际现货价格走势图:美元/盎司

这些信息告诉我们，黄金的避险功能有两个。

一是从长期来说，黄金充当了"世界货币信用体系对冲"。过去几百年，世界货币信用体系以1971年美元脱钩黄金为界限，之前是"黄金信用"，黄金是货币，之后是"美元信用"，黄金是资产。跟其他投资品不太一样的地方在于，黄金还承载了历史货币的职责。当现行的"美元信用体系"受到冲击的时候，黄金作为旧货币信用的避险价值就凸显出来。

2015年后，中国崛起态势明显，国际化、汇改等动作也昭显了人民币在世界货币体系中争取一席之地的雄心。2018年开始，美国意识到了这个挑战。以贸易为切口，中美贸易争端加剧，美元信用的绝对统治地位被挑战，但作为挑战者的人民币还不是国际货币，信用还极薄弱。这意味着一个旧世界的秩序面临冲击，但新世界的秩序远远尚未建立，黄金开始充当这个世界货币信用体系波动中的对冲。

二是在应对像瘟疫、战争、灾难这些短期冲击上，黄金也有避险对冲功能。但是这些冲击过去，金价又会波动下行。

2020年之后，短期因素和长期因素分别会怎样影响黄金价格呢？

从长期的政治因素来看，中美贸易争端和党派无关。换句话说，黄金"信用货币对冲"的功能并没有被美国大选结果减弱，反而可能更强。

从中期的经济因素来看，为了对抗新冠肺炎疫情的冲击，美联储使出洪荒之力放了水，债务负担加重，冬天疫情加重，疫苗且不说安全性尚待检验，全面接种也需要时间，所以，美国经济恢复情况并不乐观，对美元会形成压力。再加上全球只有中国的生产能力几乎全面恢复，所以出口大涨，美元弱势地位继续，黄金上涨动力仍在。

从短期冲击来看，由于金融资产定价取决于"未来预期"，疫情这个因素已经被价格回落基本反映出来。

黄金价格的上升趋势并不意味着目前黄金价位是低点，黄金价格还可能再向下。但在未来两年内，其趋势向上的逻辑还是既清晰又强有力的。

3. 黄金波动的影响

黄金波动反映的是世界格局的动荡，未来世界格局是"动荡常态化"。

黄金是大起大落的资产。2020 年黄金的价格虽然上涨了43%，但一直在波动，其间最大的跌幅达到 12%。从 2008～2011年，黄金走出了一波牛市，涨幅超过 150%。从过去 10 年的黄金价格看，也是跌宕起伏，波动率高达 22.1%，比纳斯达克的 19.2%还高。

疫情后全球贫富差距可能拉大，不少国家社会矛盾有激化的可能性，同时地缘政治格局也不稳定，经济情况充满不确定性：中东局势紧张，亚阿冲突不断升级……这都有可能演变成大冲击，好好坏坏，忽明忽暗，使得黄金波动加剧。

4. 未来两年，黄金安全吗

既然黄金波动大，那未来两年，它是安全资产吗？

（1）"乱世黄金"，黄金具有避险价值，可以对冲不确定性。

（2）任何判断要放在特定环境中才能做好，2020 年是资产估值逻辑的拐点，未来高波动、高估值、高分化是常态。凡是比较稳妥、较高回报的资产就可以算得上是安全资产了。

从 1920 年到 2020 年，黄金收益率确实不高，年化收益率是 4.6％，但是黄金一定要以 1971 年为分界点，之前是货币，是世界价值之锚，之后才是资产。

伦敦黄金价格（1920～2020）　来源：伦敦金现

黄金历史价格在 1971 年前后截然不同，之前 50 年金价几乎是一条水平线，几乎看不到变化，年化收益率仅有 1.2％。之后价格直线上升，波动加大。1971 年到 2019 年这半个世纪里，黄金年化回报率为 7.8％——同期美国股票回报率是 7.5％，债券回报率是 7.7％。如果将时间段再划成 1971 到 2000 年，2000 年到 2019 年两个阶段,投资者会发现,前 30 年黄金年化回报率是 6.8％,21 世纪 19 年则是 9.1％,要是将 2020 年考虑进去,该回报率会上升到9.7％。

过去 20 年黄金保持年化 9.5％以上的回报率,具有避险价值的资产,确实是被远远低估了,未来两年的资产环境支持黄金上涨的趋势。

(1)未来两年,不管是政治逻辑还是经济逻辑都显示,黄金是安全资产,而且还有较大的上涨空间。

(2)黄金价格波动大,在投资的时候要避免在高点购买,持有期过短的人也容易亏钱。

比特币的价值

1. 什么是比特币

比特币(Bitcoin)的概念最初由中本聪在 2008 年 11 月 1 日提出,并于 2009 年 1 月 3 日正式诞生。比特币是一种 P2P 形式的虚拟的加密数字货币,点对点的传输意味着一个去中心化的支付系统。

与所有的货币不同,比特币不依靠特定货币机构发行,它依据特定算法,通过大量的计算产生。比特币经济使用整个 P2P 网络中众多节点构成的分布式数据库来确认并记录所有的交易行为,并使用密码学的设计来确保货币流通各个环节安全性。P2P

的去中心化特性与算法本身可以确保无法通过大量制造比特币来人为操控币值。密码学的设计可以使比特币只能被真实的拥有者转移或支付。这同样确保了货币所有权与流通交易的匿名性。比特币与其他虚拟货币最大的不同，是其总数量非常有限，具有稀缺性。

2. 比特币有投资价值吗

比特币是依托互联网的虚拟数字现金，与其他市场上出现的数字现金一样，价格完全取决于接收者。

比特币是建立在免费互联网信仰的基础上，常常成为人们转移资产的工具，相较于黄金，人们对比特币的信仰还是很脆弱的。

(1)比特币无法成为世界上的通用货币。目前，比特币也未成为世界上任何一个主要国家的法定货币，比特币的过度自由性质与全球法治相抵触，或被打压。

比特币的最大用途是自由转移资产，这为非法财产转移提供了最大便利。比特币在一定程度上支持了犯罪和恐怖活动，它对世界各国的法治产生了影响。如果有一天比特币侵犯了美元利益，美国政府就有可能打压比特币，这种情况在任何一个国家都是如此。

比特币缺乏信仰和机构支持，缺乏稳定的价格，不能成为主流的付款方式。没有信念和合法使用需求的支持，比特币的价格只能急剧上涨和下跌。

例如，2020 年 5 月 28 日，新华社发文讨论："从单价 9 000 美元到超过 6.4 万美元，再到一度跌破 3 万美元，加密货币比特币在一年时间里走出'过山车'行情,一边'造富',一边'割韭菜'"。虽然有的人通过比特币一夜暴富,但更多人则是一夜破产。

(2)对比特币的投机需求不稳定,比特币没有投资价值,只有投机价值。这种投机价值具有很高的政策风险和波动风险。不少金融业人士表示,很难评估比特币到底有没有实际价值,投资加密货币面临较大风险。

03

认知偏差：
房子还将是表现最好的资产吗

在过去十多年前，说到怎么挣钱，大部分人第一个肯定会想到的就是房产投资，以前不管你对房市懂不懂，只管买房就能翻几番。

近几年国家出台各种政策，导向是房子只住不炒，房子投资的价值值得商榷。很多人手里的余钱不会存在银行，银行的利率跑不赢通货膨胀，更多人不愿意把钱放在银行，而是用来投资其他品类。

改革开放 40 多年来房产的发展阶段

1978～1979 年：房地产概念萌芽，开始居民全价售房试点。

1980～1987 年：房地产业初登历史舞台，至此，房地产行业诞生。

1988～1997 年：房地产疯狂飞跃的第一个十年。

1998～2003 年，住房开始货币化。2004～2013 年：房地产第二个黄金十年发展阶段。

2014～2020 年：房地产转型及长效机制探索阶段。

前几十年，由于通货膨胀、土地政策、购房力提高、市政规划等因素，房价不断在上涨。1998 年 5 月 9 日，中国人民银行出台《个人住房贷款管理办法》，倡导贷款买房。同年 7 月 3 日，国务院正式宣布停止住房收入分配，逐步实行住房分配货币化。同时，"建立和完善以经济适用住房为主的多层次城镇住房供应体系"被确定为基本方向。央行颁布《个人住房贷款管理办法》，并特意安排 1 000 亿元的贷款指导性计划，这一阶段随着住宅商品化时代到来，房子的价值不断上涨。

根据统计局给出的数据显示，从 2000 年到 2018 年这 18 年间，房价从当初的均价 2 000 多一平方米涨到了如今的过万一平方米，上涨了 5 倍之多。

随着房价不断飙升，房产成为人们最喜爱的投资产品。与银行 3％到 4％的定期存款利息相比，房价每年增值的速度比银行利息高了很多，并且房价年年上涨，这让投资房产成了一个安全、收益又高的投资方式。

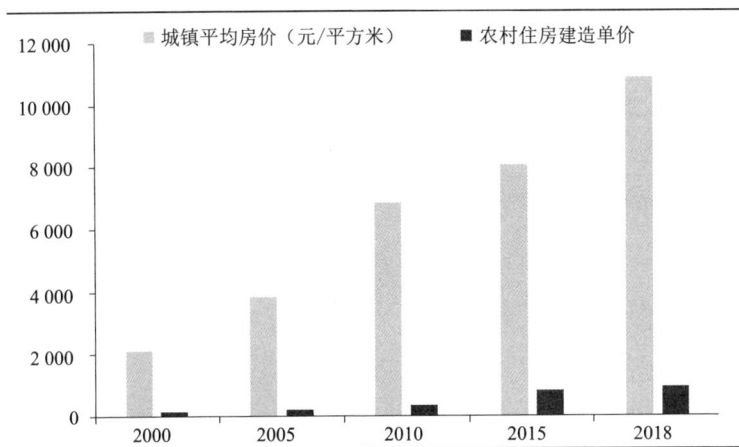

2000～2018 年中国住房平均单价　资料来源：国家统计局

　　房产成了一个大众偏爱的投资资产，只要是过去投资房产的，大部分人基本上都赚了钱，随着房价的不断上涨，买房就能挣钱几乎成了人们的共识。

　　但这两年随着国家不断调控，我们发现，房价开始趋于稳定了，有很多城市的房价不仅没涨，反而下跌了。这开始让很多购房者担心，毕竟买房是一笔很大的资金，一旦出现错误，会造成很大的损失。

　　房价的上涨和刚需的购买力有很大关系，现在刚需购买力确实已经不如从前，以前稍微有钱一点的刚需基本都已经买了房子，剩下的大都是买不起房子的刚需，这些买不起房子的刚需根本支撑不了房价大幅上涨。房价的最大支撑点是"人口",毕竟房子是用来住的。人口决定了房价继续上涨的空间。

　　根据统计数据显示,从 2016 年放开二孩政策以来,2016～2020年的出生人口分别为 1 786 万、1 723 万、1 523 万、1 465 万、1 200万,随着新生人口的不断减少,未来楼市购买需求力会逐步下降。对于一些人口还在不断减少的城市来说,房价大概率很难维持。

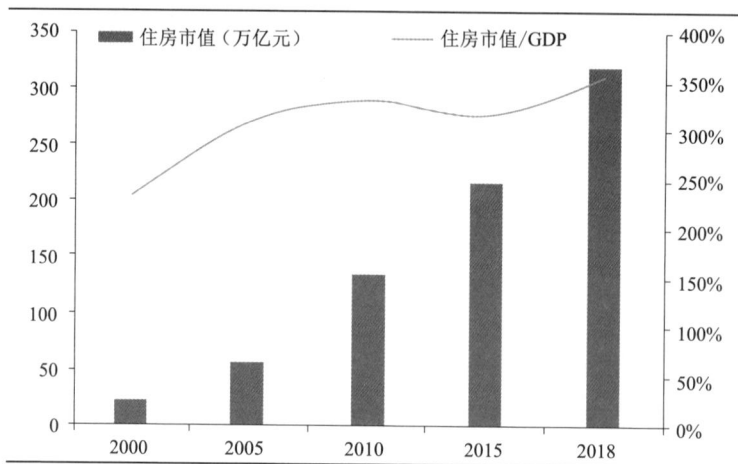

2000～2018 年中国住房市值增长率

　　2019 年中国住房市值报告显示,2000～2018 年中国住房市值从 23 万亿元增加到 321 万亿元,年均增长 15.7％,其中,住房存量增加、房价上涨分别贡献 11％、89％。人均住房市值从 1.8 万元增加到 23 万元,年均增长 15.2％,高于人均 GDP 的 13.8％。

　　该报告指出,住房市值与 GDP、股债房市值的比例可以反映一定的风险,比例过高说明房价超过了经济发展水平。

　　与发达国家相比,中国住房市值与 GDP、股债房市值的比例均较高,但人均住房市值低。中国住房市值其与 GDP 比例较高的原因是人地错配、供求失衡以及货币供应,一二线城市高房价,三四线城市高库存,导致全国住房市值高。

纵观历史,主要国家在金融危机或者地产泡沫破灭前,住房市值与 GDP 的比例达到阶段性的峰值后会出现下降趋势,跌到谷底后逐渐恢复到之前水平。

事实上,过去较长的一段时间,整个社会以融资为主,创造了一轮以基础建设为抓手的繁荣,然而也导致一系列问题的产生,如:部分产业生产过剩,效率低下,债务危机等问题……

无以为继的债务水平触发了政府高层推动“去杠杆”的行动,也促使了以规范各种“高收益理财”的资管新规的出台。

资管新规指的是由央行、银保监会、证监会、外管局等四部委联合发布的《关于规范金融机构资产管理业务的指导意见》。该指导意见按照产品类型制定了统一的监管标准,实行公平的市场准入和监管。

在这样的宏观经济背景以及政策主线下,房价再次大涨是不太可能的,房地产投资变得没有意义,毕竟房产是要体现住的意义。另外,政府出台相关楼市限购限贷调控政策,严格控制房价,也使得房价趋于理性。

现阶段房产投资的前景

对于房子的未来价值,经济学家任泽平认为:“房地产从长远看人口,从中期看土地,从短期看金融。"因此,未来房价变化的核心集中在"人口、土地、金融"上。

未来赚钱的一个很重要的逻辑,在于投资者是否拥有金融资产,资产是否具备高效的流动性。在未来 20 年,拥有金融资产的人会更值钱。

因此,在往后的 10 年,投资人在国内资产配置上,应该加大优质股权资产的比例,而降低房地产的比例,投资者不要对资产有明显的偏好,要多元分散投资,我们不仅要看当下的增长,还要考虑到周期和多元配置资产,这不只是规避风险,更是要抓住赚钱的机会。

04

时代拐点：
怎么给特斯拉们估值

2020 年 10 月 14 日，蔚来汽车股价暴涨22.57%，创历史新高，再次吸引了全球投资者的目光。经过这次大涨，蔚来汽车的市值已经和法拉利平起平坐。

同样属于汽车领域，2020 年，凭借在电动汽车和自动驾驶汽车以及生产效率方面的领先优势，特斯拉公司的股价一直在迅速飙升，不断刷新的历史纪录。而在 2010 年 6 月 29 日，特斯拉上市时，发行价仅 17 美元，至今股价上涨超过 60 倍，远超其他车企……

价格是首要因素吗

可能有投资者会问,有的股票已经涨了几十倍了,那这只股票是不是太贵呢? 还能买吗? 这种股票里有没有泡沫,这种泡沫是不是会破? 其实单只股票涨了几十倍后,并不一定就是贵的。有些股票虽然跌了 50％,但也不一定就是便宜了。

投资股票其实还是需要研究一下估值的问题。我之前做过几个视频,就是关于股票估值的问题,那现在我就和大家解释一下不同的估值方式,到底在什么样的情况下适用呢?

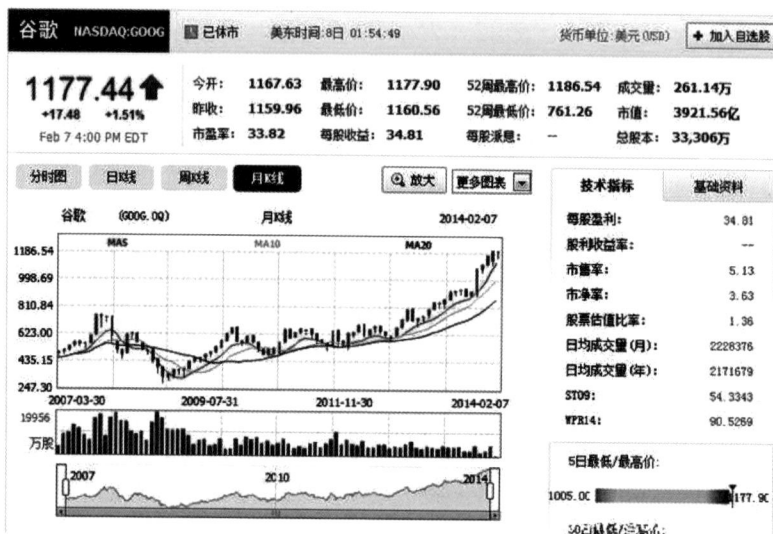

首先,我们先来看这张美股的股价走势图,这个是谷歌 Google 的股价走势,可以看出,谷歌的股价一直在上涨,很多人可能会觉

得股价涨了这么多，太贵了就不值得买了。

　　我们再看美股的一家公司，这是一家非常出名的做智能手环的公司。它的股价从 2015 年的 8 月 4 日的 48.96 美元开始下跌，到 2016 年的 1 月 5 日跌到了 24.3 美元，跌幅高达 50.37%，股价直接被腰斩了。

　　很多人会觉得跌了这么多应该便宜了，但是如果你看它之后的走势图，你会明白它不但没有止跌反弹，反而是继续暴跌。到了 2019 年的 8 月 20 日，股票价值又跌掉了 90.09%，其实这样类似的案例还有很多。所以说，一只股票在过去涨了多少，跌了多少，这个与股价未来的走势其实没有什么直接关系。在股市里你会发现很多涨了很多的股票，却依然能够继续上涨，有很多跌了很多的股票，到最后还是不断下跌。不能仅仅因为一个公司的股价涨了很多，就说它太贵了，一定是有泡沫的。投资股票其实还是需要研究一下公司和股票估值的问题。

如何给股票估值

　　对于价值投资者来说，要买入一只股票就要对这家公司进行估值，也许你会觉得自己并不掌握估值的专业知识，但是，你的买入价就是你的估值结果。更形象地讲，买某只股票就是你看中了这一家公司，花这么多钱来收购这家公司。事实也是如此，你买入一家公司的股票，就相当于参股收购了一家公司，只不过你出钱少,在公司运营上说了不算而已。

收购价格是怎么来的? 有的投资者不会估值,但他知道对比股票的价格,这样他就可以确定这只股票的价值,如格力和美的的股价差不多,如果两者出现大的价差,这时可能就是一个买入的机会,这是一个最没含金量的相对估值法。

还有一部分投资者稍微进步一点,利用证券服务机构提供的指标估值,最简单、最直接的指标就是**市盈率**,当然还细分为静态、动态和滚动的市盈率。不管哪种形式,市盈率的意思都是,对于你的出价,估计未来多少年能把这笔钱赚回来。现在,还有更高级一点的就是分位点估值,这主要是看目前的市盈率在整只股票历史的市盈率中处于什么位置,有一定的参考意义。但所有这种指标估值法的缺陷都只是间接反映过往公司内在的价值,而投资者投资的是未来。

还有一些稍有点水平的价值投资者,他们能通过某些信息渠道获悉该公司存在某种隐蔽资产,也就是这种资产没有反映到,或只有少部分反映到目前的股价中,然后他们通过简单计算,得出这笔资产跟目前的股价差不多,那么他们就认为这只股票被低估。还有人知道某个企业未来要搞混改、低价收购、股权激励等,这些都可以对估值有很大帮助。总体来说,这种方法简单易行,最进步的一点是它反映了未来公司的一部分价值。

而目前最正统的估值是: 公司的内在价值是未来公司所创造的现金流总和的贴现值。其中贴现值是未来值1 000万元的东西,要现在付现钱,只能付800万元,也就是打折价。那么估算未来公司所创造的现金流的总和是难点，可以说基本没法算。但可以间接把握，如，一家公司未来存在的时间越长，那么它所创造的现金流就会越多。如果这家公司的商业模式独特，竞争对手无法模仿，这家公司赚钱能力很强，每年都会产生大量的自由现金流，那么这家公司未来就会创造出更多的现金流。同时，这家公司还处于初创期，未来市场需求还很大，这样的公司就属于高价值、低估值公司。

常用的估值指标

1. PE 市盈率

PE 市盈率是最常用的估值指标，PE 市盈率＝股价/每股盈利＝市值/净利润，市盈率可以理解为"回本期限"，假设一家企业的盈利水平不变，一笔投资需要多少年能收回成本。

（1）优点

①足够简单，用市盈率反映宽基指数十分有效。

②指标里面一个是市场价格，一个是公司每股盈利，既反映了市场状况，又反映了公司的基本面，所以市盈率通常可以兼顾这两个维度，挑出那些估值较低的个股。

（2）缺点

①市盈率过度依赖企业利润，而利润又是非常容易被控制的，即使用扣除非净利润来算市盈率也不一定可靠。

②对杠杆有盲点：比如，同样赚了一倍，有人是全靠自有资金赚来的，有的却加了一倍的杠杆，那么这两个生意在市盈率上完全反映不出来。但实际上，显然是自有资金那个更好。

（3）适用条件

只能用市盈率去估值那些稳定盈利的行业，比如，医药、消费品、食品饮料等生活中能见得到的。对于周期性行业不适用，比如，钢铁、化工、有色金属、房地产、银行等。

（4）如何使用

市盈率数值要比较起来用，单看意义不大。怎么比较？有两个维度，一是同行业公司间的比较，二是跟公司自己的历史比较。如果在同行之间比较低，跟公司自己的历史比也低，那么我们就可以说这家公司的股价被低估了。

考虑到有的行业会有季节性波动，市盈率一定要使用年度每股盈利、季度每股盈利的数据，要还原一下基础数据。通常，我们使用数据查询工具里面的 TTM 滚动市盈率作为参考。

2. 企业价值倍数

企业利润容易造假，即使是扣除非净利润也有不可靠的时候，单看市盈率也无法区分利润背后是否加了杠杆。所以，如果要忽略这些因素，就需要结合企业价值倍数来一起看。

企业价值倍数＝EV/EBITDA，其中 EV 就是公司价值，EV＝市值＋（总负债－总现金）＝市值＋净负债，相当于就比市值多一个净负债出来。

而 EBITDA 为息税折旧摊销前利润，EBITDA＝营业利润＋折旧费用＋摊销费用，营业利润＝毛利润－销售费用－管理费用。被视为公司偿债能力的指标，相当于把杠杆和负债的因素都排除掉了，剩下的是更纯粹的、不加杠杆的生意所获得的倍数。

（1）优点

①不受所得税率不同的影响，使得不同国家和市场上的上市公司估值更具有可比性。

②排除了折旧摊销这些非现金成本的影响（现金比账面利润重要），可以更准确地反映公司价值。

③排除了杠杆和负债的因素，更能够准确地反映生意的好坏。

（2）缺点

计算复杂，没有那么直观。

（3）适用条件

非常适合那种前期投入巨大，回报期非常漫长的行业，比如，酒店、公园、高速公路等。

企业价值倍数会把那些善于用负债，非常激进的公司过滤掉，这些公司在正常经营的时候利润很高，但是一旦遭遇风险，会最先倒下。这相当于在价值之上，分辨了风险。比如，房地产行业。

重资产行业也适用于企业价值倍数，因为重资产行业折旧和摊销的占比过高积压了利润率，扭曲了真实的价值。比如，钢铁行业、冶金、制造业等。

企业价值倍数也适用于那些经营活动现金流明显要高于利润

的行业,这些行业通常也都被折旧摊销这些数字给干扰了。

(4)如何使用

如同一面市盈率的照妖镜,同一行业中的公司,如果市盈率差不多,我们可以优先选择企业价值倍数小的公司。

3. PEG 市盈率增长率

市盈率偏高的时候,我们通常会去参考它的净利润增长率是否能跟得上。

PEG 市盈率增长率＝PE 市盈率/G 净利润增长率

通常我们会看 PEG 是否小于 1,小于 1 就说明利润增长率大于市场估值,增长快的公司应该有更好的股价表现。未来估值提升,股价就会上涨。比如,40 倍的估值对应 40％的增长率才比较合理。

(1)适用条件

PEG 市盈率增长率只适用于业绩稳定的蓝筹公司。另外,对于高增长的,特别是净利润增长率超过 30％的公司,要格外小心,看看其是不是因为寅吃卯粮。

(2)如何使用

PEG 市盈率增长率作为市盈率的辅助指标来使用。对于龙头企业,可以适当降低增长率的要求,但一定要稳定。

4. PB 市净率

PB 市净率＝股价/每股净资产＝市值/净资产

这里的净资产,又叫所有者权益,它是总资产减去负债以后的净额。

可以把市净率形象地理解为"溢价"，就是投资者相对于它的每股净资产支付了多少溢价。

（1）优点

①比较稳定，不会像利润那样上蹿下跳，而且资产负债表也比较真实可信，不容易被造假，所以市净率的变化，通常能够反映市场的高估和低估。

②净资产的变动不受周期影响，只有盈利会随着周期变动而变动。

（2）缺点

①市净率不反映公司的盈利能力，而我们知道，好公司的标准就是赚钱，如果不赚钱的公司，价值再多也是无用的。

②市净率对于创新型企业非常不友好，新经济形态下的互联网公司基本都没什么净资产。

③市净率抵制杠杆，对于那些高负债企业，估值比较混乱。如果盈利模式确定，那么借钱发展肯定会增长得更快，若全都是自有资金，增长速度会明显受限。

（3）适用条件

重资产，资产越多，市净率就越稳定。

盈利不稳定，呈现明显周期波动的行业，市盈率无法对这些行业估值，就只能使用更加稳定的市净率。比如，钢铁、有色金属、煤炭、银行、化工、石油行业等。

对于指数来说，市净率也相当有效，但它只限于大盘股，对于中小创业股，基本不使用。

（4）如何使用

跟市盈率一样，市净率在同行业比较起来才有意义。另外，市盈率和市净率要经常放在一起使用，市盈率不能反映的东西，通常市净率就可以反映了。

5. PS 市销率

PS 市销率＝股价/每股销售额＝市值/主营业务收入

一般来说，一个公司的销售额越大，它的市场份额也就越大，竞争能力越强，所以，同样的价格，买一个销售额更多的企业，买到好公司的概率就更大。

（1）优点

适应面比较广，一家公司可以没有利润，但一定会有营收，如果连营收都没有那也就不算是公司了。

（2）缺点

不反映负债的影响，用本金创造的营收，跟用 10 倍杠杆创造的营收区别很大。大营收下，可能反而带来更大的风险。

（3）适用条件

适合于那些亏损的公司，或者业绩利润不大、轻资产的成长性公司。比如，互联网企业，就比较适用于市销率。

6. PCF 市现率

PCF 市现率＝股价/每股现金流

每股自由现金流＝(经营现金流＋投资现金流)/股份数量

市现率可用于评价股票的价格水平和风险水平。市现率越小,表明上市公司的每股现金增加额越多,经营压力越小。

很少有公司是因为不赚钱而彻底倒闭的,大部分公司都是因为没有现金流而倒闭的。

(1)优点

①市现率更加真实,不容易被会计造假,同时由于现金流的客观性,市现率通常是可以去验证市盈率的,如果市盈率和市现率走势分歧较大,说明盈利可能不太真实。

②对于没有盈利且快速扩张中的公司,市现率提供了新的投资角度和价值。

(2)缺点

市现率的应用场景比较小,计算也比较复杂。一般只有年报中的每股现金流有价值,季度报告中的数字参考意义不大。

(3)适用条件

对于利润不明确,且在扩张期的公司,我们不要着急否定,可以先算算它的市现率,也许能发现特殊的价值。

对于市盈率具备投资价值的公司,最好用市现率验证一下。把它的市现率和市盈率走势都调出来做个对比,从而验证盈利的真实性。

05 / 路径依赖：
哪种炒股方法更靠谱

面对琳琅满目的炒股方法，越来越多的股票投资者不知该如何选择。投资者都想在不错的大趋势中，找到收益远大于银行的定期利率以及其他投资产品的收益。

路径依赖及影响

路径依赖（Path Dependence）是指人们一旦做了某种选择，就好比走上了一条不归之路，惯性的力量会使这一选择不断自我强化，并使人们不能轻易走出去。

好的路径会对投资起到**正反馈**的作用，通过惯性和冲力，产生飞轮效应，因而进入良性循环；不好的路径会对投资起到负反馈的作用，就如厄运循环，可能会被锁定在某种无效率的状态下而导致停滞。而这些选择一旦进入锁定状态，想要脱身就会变得十分困难。

投资流派的选择

做投资其实也有很多不同的流派，我们首先来了解一下不同的投资流派有什么区别。需要注意的是，了解这些不同的流派，也只能作为自己的参考，因为做投资最重要的还是独立思考，选择哪种炒股方式，是没有固定的标准答案的。

目前的投资流派主要有：基本面价值派、技术趋势派、组合投资派、量化交易派。

各个投资流派没有固定谁对谁错，目前市场上的机构投资人其实也是多种策略并用,有些可能更偏向于基本面价值派,有些更偏向于技术分析和趋势,有些更多做的是量化交易,不管是哪一流派,也会运用一些其他流派的投资手法。

1. 基本面价值派

基本面价值派也即价值投资,大家都非常熟悉的价值投资代表人物是股神巴菲特,而非常厉害的华人投资人段永平也属于这个流派。他们的核心思想是,投资者不能把股票当成一个用来博弈的工具,而应该把它看成是公司的一个部分。也就是说,即使投资者只买了一手股票,那也要把它当成是整个公司的一小部分来对待。

所以投资者需要关注的是这家公司本身的质地和基本面,有点像投资者开公司一样。比如说,投资者自己投资钱,自己创业开一家公司,那么会关注的是自己公司的产品是否有竞争力,公司的产品能不能和竞争对手实现差异化对比,公司所在的这个行业是否有前景?

当然投资者还需要不断地提升公司在企业文化上的竞争力,所以,价值投资它关注的是一个比较长期的发展问题。

去看价值投资者在市场上的表现,就会发现他们的行为恰恰是与趋势投资者相反的,趋势投资者往往是追涨杀跌。价值投资者喜欢长期的跟踪他们看好的几只股票,然后等待买入的机会,一旦机会成熟就大笔买入,他们的做法往往是越跌越买,这刚好与趋势投资者的做法相反。

2. 技术趋势派

中国的 A 股市场，大部分的个人投资者都是这个流派，这个流派的主要特点是看 K 线图。这个流派的核心理念是 K 线图可以反映一切基本面变化，比如说，股票上涨了，那肯定是有利好消息推动；股价下跌，那一定就是有利空促使。所以这个图能反映一切基本面的变化，很典型的操作手法就是追涨杀跌。

一般情况下，分析数据在一定程度上是可以控制一些风险的，因为这里有一个止损的概念，但是投资者如果用这种玩法的话，其实也赚不了什么钱。大部分 A 股的股民就是这么折腾了几十年，最后其实也没赚到钱。

很少看到靠技术分析发大财的人，从 2020 年深圳证券交易所发布的《2020 年度个人投资者状况调查报告》中看出。中小投资者约占七成。新入市投资者呈年轻化趋势，创业板与非创业板投资者结构差异明显。

该报告主要涉及投资者结构、知识水平、投资理念、投资行为、知权与行权状况、投资者对于 2021 年股市风险因素以及资本市场热点问题看法等调查内容。

《2020 年度个人投资者状况调查报告》按照证券账户的地理分布状况，采取分层抽样方式，对调研地区年龄在 18～60 岁，过去 12 个月进行过沪深两市股票交易的 27 667 个样本投资者进行问卷调查，涵盖全国 342 个大中小城市。

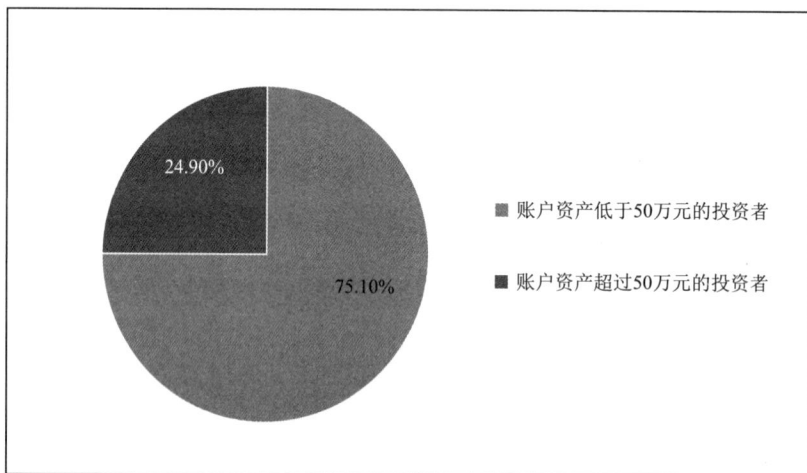

2018 年中小投资者账户资产结构

　　这说明 A 股市场其实是一个由散户所主导的市场,因为大部分散户其实也不是很懂基本面分析,只看 K 线图来投资股票,这会导致整个市场的趋势被严重放大,涨的时候会涨过头,跌的时候就会跌过头。正是因为有这种特征,所以很多机构投资者,特别是一些中小型股票的幕后机构,特别善于利用散户的这种心理。相关机构可以利用资金的优势做出很漂亮的 K 线图,吸引广大散户来进场接盘。所以如果仅仅是依靠技术分析图来投资股票的话,其实还是有很大的风险。

3. 组合图

　　组合图是基金公司典型的玩法,这个流派的核心理念简单概括就是不要把鸡蛋放在同一个篮子里,而要根据自己的风险偏好来配置自己的投资组合,比如,对于个人来说,如果投资者比较年轻,那么他们的风险偏好可能就会比较高,愿意承担更多的亏损风险,那么他们就可以把更多的钱配置到股票或者股票基金上,比较少的钱配置到现金或者债券上;一些年龄大的投资人,他们的风险偏好可能会低一些,那么就可以把更多的钱配置到现金和债券上,在股票资产上的资产配置就可以减少一些。

这样的做法有一个好处就是可以分散投资者的风险,比如,以基金来说,基金经理持有的股票一般都有二三十只,而且每天的比例都不能过大,最大的也不能超过净值的10%,而且他们还会配置一些债券现金,所以在投资者选的股票里面,有一只或者两只股票踩雷了,那么它对整体业绩的影响也不会特别的大。

但是这种策略也有一个特别大的坏处,那就是如果投资者拿的股票太多,比如,有投资者拿到30多只股票,甚至有的投资者拿到了100多只股票,那么其实最后投资者与这个指数基金ETF也没有什么区别,往往遇到大盘上涨的时候,会跑出大盘指数。

巴菲特是不赞同这种投资组合理念的,巴菲特的说法是:你应该把鸡蛋放在一个篮子里,然后要看好这个篮子。他提倡的是不需要过多的分散投资,而应该要适度的集中。对于投资者真正看好的公司就要敢于重仓买入,这个投资理念和上市的组合投资理念正好是相反的。

4. 量化交易派

这一派别的代表人物是詹姆斯·西蒙斯。他是世界级的数学家,也是最伟大的对冲基金经理之一,他在学术上的成就是比较高的。詹姆斯·西蒙斯原来是一位赫赫有名的数学大师,后来突然转行去了华尔街,开始做投资。

他的投资理念是用计算机数据分析的方式来给股票的买卖交易做决策,这样就能克服人类在做交易时的情绪化弱点。他投资的基金从1989年到2009年的年化收益高达35%,这个收益率明显超过了巴菲特和索罗斯,但它的交易模型始终没有人知道,这也是他赚钱的核心机密。

所以根本没有人知道他是怎么赚钱的,量化投资有一个缺点,就是当投资者把自己成功的投资模型公布出去的话,立刻就会被很多人模仿,然后这个模型在市场上就不管用了,也无法再赚到钱了。

量化投资会使用一些量和财务分析的指标,再把一些公司的新闻事件作为参数注入交易模型中。这种量化投资对于做短线投资的个人投资者会有非常大的冲击。现在越来越多的量化机构开始进入股票市场,个人投资者在与他们竞争的时候,就会处于劣势,因为计算机交易不会受任何情绪左右,并且计算机执行指令的速度是非常快的。

一些转瞬即逝的套利机会,只有计算机才能够把握住这两点,这是做短线交易的个人投资者所不具备的竞争优势。

我是坚定的价值派,我曾经思考过一个问题,金融这个行业有什么存在的价值?虽然现在一部分做金融的投资人赚了很多钱,但是金融为社会创造了什么价值呢?

其实金融行业只是一个虚拟经济,是建立在实体经济之上的,是用来为实体经济服务的，如果没有实体来支撑的话，那金融行业就没有任何存在的价值了。

相信很多人知道"冰岛危机"，冰岛是一个国家，在 2008 年之前全力发展自己的金融业，他们国家的金融服务也做得特别好。但是 2008 年金融危机爆发后，整个国家就宣布破产了。如果国内没有实体经济的支撑，那金融其实就是空中楼阁，金融泡沫是很容易破碎的。

综上可见，未来投资领域会逐渐向专业化、集中化转型。在日常投资中，应及时地纠正错误决策，当我们意识到个股的走势与预期相反时，就应该及时止损，并设立止损价。股市总是反复无常，设立止损价可以将损失限制在一定范围内，从而防止出现更大的损失。

06

多元分散：
普通人能做海外资产配置吗

————————————————

　　由于我们很难预测在未来一段时间里，到底哪一个大类的资产会涨得最好，所以我们在投资的时候要尽量地多元分散，这就是大家常听到的"资产配置"概念，近年来，很多人已经不再局限于国内，开始投资海外资产。

有必要去海外投资吗

很多人认为，投资任何资产，都和这个国家的发展情况息息相关，如果你投资的这个国家经济发展得很快，那你投资的资产肯定升值，相应地，你也能够赚钱，但事实是这样的吗？

全球知名的投资和研究机构先锋领航基金曾经发表过一篇学术研究，他们测算了从 1900 年到 2009 年包括美国、英国、德国、法国、瑞士、澳大利亚等 16 个主要国家的股票市场的涨幅和人均 GDP 增速的关系，最终得出结论：股市回报和经济增长的速度没有什么直接关联。

后来，先锋领航基金还把 19 个发展中国家的数据也加了进来，研究的区间从 1988 年到 2009 年，结论还是一样：长达 20 年的真实的人均 GDP 增长，与这个国家的股市回报的相关性为零。因此，可以得出结论，**资产能不能升值，与一个国家的经济增长没有必然联系。**

不过一个地方经济发展的速度很快，甚至这种快速发展超过预期时，那投资的回报就不太高。例如，某个城市举办了亚运会，因为这次盛会，当地的房价突然飙升，而投资者这个时候才入局的话，回报额是非常低的，甚至有可能会亏损。

由于全球化步伐不断加快，全球各个国家的经济联系越来越紧密，这导致我们无法知道总体经济增长的利益具体会落到哪个国家。例如,我们都知道的全球知名的几个运动品牌在福建、广东、越南胡志明市都有代工厂,而代工厂生产的产品价值会计入当地的 GDP。但是,虽然生产的价值记在了生产地,但产品的利润还是掌握在其他国家手上,而公司股价和公司的盈利能力是息息相关的。

目前美国标普 500 指数覆盖的美国最大的 500 家公司,它们一半的销售收入是来自国内的,另一半都在海外。英国富时 100 指数里有 90 多家公司的总部在英国,但是只有 30% 的收入来自国内,其他全部来自海外。这让我们得出一个结论:大众所认为的,市场经济发展得越快,投资者的投资就能够不断升值的固有看法,是不正确的。

虽然中国近几年经济发展的增速很快,这并不意味着在中国的投资还会不断上涨。

把资金投到几个超级大国合理吗

很多人可能会觉得,我把资金投资到几个比较发达的国家,这样收益会更好,毕竟它们的经济发展很迅速、相对稳定,但这种想法是错误的。

看完以下的股市涨幅国家(地区)排名数据就可以得出结论。在 2015～2017 年这三年间,2015 年全球股市涨幅排名第一的国家是丹麦,涨幅是 24%;第二是爱尔兰,涨幅 17%;第三是比利时,涨幅是 13％。2016 年涨幅排名第一的是加拿大,涨幅 25％;排名第二的是新西兰,涨幅 19％;第三的是挪威,涨幅 15％。而到了 2017年,排名第一的又变成奥地利,涨幅 59％;排名第二的是中国香港,涨幅 36％;排名第三的是新加坡,涨幅 35％。很多金融专业人士都没有想到,股市涨幅最大的居然是这几个国家(地区),有大批人错过了这一波股市红利。无论是专业投资人还是业余投资者,都没法预估钱投资到哪个国家会升值,所以建议更多投资者应该将自己的资产分散投资。

应该如何正确投资全球市场

去海外购置自己看好的房产是一个不错的选择,但对于很多人来讲,购房门槛还是比较高的。投资股市的话,不知道投资哪个国家的比较好,会陷入一种迷茫之中。

实际上,投资全球市场的门槛和成本必将降低。举个例子,全球最大的资产管理公司贝莱德(BlackRock)有一只基金叫"世界 ACWI 指数 ETF—iShares"(ACWI);先锋领航基金,也有这样的基金叫"世界全股市 ETF"［Total World Stock ETF (VT)］。这类基金涵盖世界上主要股票市场,在 2019 年年初,只需要几十美元,就可以成为一万多个最重要公司的股东,让全世界的公司帮你赚钱。

世界全股市ETF（代码：VT）前10大持仓

Stock Code	Name	Weighting (%)	Sector	YTD Return (%)
AAPL	Apple Inc	2.857 0	Technology	0.04
MSFT	Microsoft Corp	2.590 5	Technology	13.49
AMZN	Amazon.com Inc	2.017 1	Consumer Cyclical	3.98
FB	Facebook Inc A	1.070 8	Communication Services	18.09
GOOGL	Alphabet Inc A	0.970 6	Communication Services	33.69
GOOG	Alphabet Inc Class C	0.959 5	Communication Services	36.72
TSLA	Tesla Inc	0.745 6	Consumer Cyclical	-2.94
00700	Tencent Holdings Ltd	0.648 1	Communication Services	10.34
JPM	JPMorgan Chase & Co	0.638 5	Financial Services	22.11
JNJ	Johnson & Johnson	0.588 2	Healthcare	5.62

ETF 前十大持仓

从上图可以看出：苹果在整个 ETF 中是第一持仓，占比 2.857 0%，市值 1.05 万亿美元；微软在整个 ETF 中是第二持仓，占比 2.590 5%。

随着全球经济的连接日趋紧密，不少投资者不仅选择投资国内资产，也有配置海外资产的需求。**目前，全球大类资产大体主要有五类：**

第 1 类是现金类资产，这类资产包含大家平时买的货币基金、通过理财通买的余额＋，支付宝购买的余额宝等；

第 2 类是债券债权类资产，如债券基金及银行理财产品；

第 3 类是股票类资产，股票基金也属于这类资产；

第 4 类是房地产资产，是占据资产配置大部分的资产；

第 5 类是商品资产，包括黄金、石油、农产品等资产。

另外，还有 2 到 3 类属于较小众的资产，如衍生品、期货、艺术品资产等。

除此之外，实现海外资产配置的方式还有很多种，我们应当有一双善于发现的眼睛，不断发现更佳的投资方法。

07 / 放水泡沫：
美联储真的是在印美元吗

判断美国多印了多少钱，首先要观察的是美联储的资产负债表，所谓资产负债表，就是账本。根据美联储的最新公开数据，2020 年 3～8 月，美联储一共投放了 2.8 万亿美元，但实际数字可能会更大。因为金融学上还有一个叫**"货币乘数"**的概念，意思是央行多印的钱流到市场上以后，它又会变成新的存款，然后再变成新的贷款，如此循环。

美联储到底印了多少钱

因为央行对商业银行是有存款准备金要求的,不能将所有存款都贷出去,所以货币乘数是有理论极限值的。假设准备金率是10％,那么货币乘数就是10倍,如果一开始多印1万亿美元,那么理论上最多会在市场上增加10万亿美元。

所以美联储增加的这2.8万亿美元只是基础货币,实际上远比这个数字大。大多少呢?2020年4月份之后,**美联储就取消了法定准备金的要求,所以理论上的货币乘数上限也没有了。**

本来,我们还可以通过观察M_2(广义货币供应量,是指流通于银行体系之外的现金加上企业存款、居民储蓄存款以及其他存款,它包括了一切可能成为现实购买力的货币形式,通常反映的是社会总需求变化和未来通胀的压力状态。近年来,很多国家都把M_2作为货币供应量的调控目标)数据来找到真相,不过美国的M_2定义和中国不同,实际上要看它的M_3[国家的货币总供应量,即M_2再加上储蓄(存款及定期大额存单)和贷款等定期大额存单]数据才行。但是,**从2006年3月起,美国就不再公布M_3数据了。**

多印钱的另一种方式是增加国债发行,它的作用没有印钱那么直接,因为多数国债是卖给国民的,它起到的作用是让那些钱活跃起来,最终因为货币乘数的原因,导致市场上的钱增加。

2020 年前 8 个月，美国新发国债规模达 7.7 万亿美元。这其中，有超过 1.5 万亿美元是被美联储买走的。这意味着政府自己给自己印钱，然后拿去花。

美国国债的销售渠道通常有三种，1/3 是外国机构购买的，1/3 是美国老百姓购买的，还有 1/3 是美国各大机构购买的。外国机构买的那 1/3，对于美国而言，就等于凭空多印出来的钱，因为有相当一部分美元本来是作为国际支付使用的，它是留存于美国市场之外的。现在通过美国国债，又回到美国政府手里，变成可以花的"新"钱。所以，就算用最保守的方法计算，美国 2020 年多印的钱也已经超过了 5 万亿美元。

全世界都在危机之中，要想把那些债券都卖给美国人或外国机构，显然是不现实的，美联储的印钞机必须加把力，以实现"自给自足"。

危机终将过去，可怕的是，危机结束之后，那些多印出来的美元是不是又会转化为强大的"购买力"，流向全世界呢？

关于美股的两个误区

对于投资者来说，我们赚不到钱往往不是因为知识的匮乏，而是因为对投资的一些错误且顽固的认知。这些错误的认知潜移默化地影响着我们的投资决定，使我们错失机遇或者承受亏损。

第一个误区，美股上涨是靠美联储印钱

现在市场上很多人都认为美联储的量化宽松政策就等同于眼前，比如说，美联储 2020 年 3 月推出 7 000 亿美元的量化宽松政策，在一些人看来就是印了 7 000 亿美元的钞票，有些人会觉得这钞票不是直接印，而是美联储拿钱去买债券，然后这些钱就流入了市场，这么多钱流入市场，别的地方收益太低去不了，这些钱就都进了股市，那这股市它能不涨吗？这其实是个彻头彻尾的误区，这套理论以讹传讹现在就变成了市场上的主流思想。要想了解事实的真相，我们就必须了解真正的量化宽松政策是什么样的。

量化宽松政策简单讲，确实是美联储去找美国的商业银行买债券，但并不是像很多人认为的那样用钱买或者说用现金买，而是通过打欠条的方式从银行手中换取债券。

这个操作就是我们常听到的美联储扩充资产负债表又叫**扩表**，这个欠条就叫**银行储备金**。一般情况下美联储并不会主动的还这个欠条，银行也不打算找美联储要，这对银行有什么好处？这其实是一步妙招。

美联储是在 2008 年首次应用这套操作的，众所周知 2008 年美国遭遇了严重的次贷危机，美国的银行因为持有大量的次级贷款，流动性出现了很大问题，银行借不到钱了，这时美联储从银行手中接管过来大量的刺激贷款，然后作为回报，美联储给银行打了大量

欠条。别小看这个操作，虽然没有现金的交易，但它让银行财报中的那些不良资产一夜间变成了美联储的欠条，一种无风险的优质资产，而且美联储还会按时给银行支付欠条的利息，银行手中的这些欠条，也就是银行储备金帮助银行提高了流动性。

2008 年美联储就是靠着这么一套操作成功帮助美国摆脱了次贷危机，让人意想不到的是最终这套操作变成了一个双赢的结局。

商业银行解决了当时迫在眉睫的流动性危机，而看似吃亏的美联储手中的次级贷款，最终在长期的自我消化下竟然也实现了盈利。

当美联储买来的次级贷款发不出利息的时候，美联储就不得不印钱给银行发欠条的利息，但是比起 2 万亿美元的整体数量来说，这只能算是九牛一毛。

其实美联储的量化宽松政策最终目的是增加银行的流动性，由此引发的连带效应确实会利好股市，但也绝不是美联储印钱进股市那么夸张，美联储也并不会直接进入二级市场买股票。2020年的这次量化宽松不仅解决了银行的流动性，更重要的它还缓解了美国政府的赤字问题。

第二个误区，美股背后最大的庄家是美联储

已经不止一次听身边朋友跟我提及这个谣言了，这个谣言本身很好粉碎，你只要去美联储官网查看美联储的职责和目的，谣言

就不攻自破了。

美联储和美国政府是相互独立的两个机构,总统是无法干涉美联储做出任何决策的。另外,美联储的主要职责是稳经济,其中包括控制通货膨胀、失业率一类,股市压根就不在美联储的绩效范围内。

讲清这两个误区,是为了帮助投资者了解美股背后的运行机制,方便投资者投资美股。

第四章 **4**

细节中的机会：
怎么把握趋势

痛苦加反思等于进步。

——对冲基金传奇人物、桥水对冲基金总裁雷伊·达里奥正所谓"工欲善其事，必先利其器"，掌握几种好的投资工具，让我们在投资中乘风破浪，所向披靡。

受疫情影响，中国乃至全球很多行业进入低潮期，其实，这样的低潮期往往预示着新的机遇，这对投资来说是非常好的时机。

当行业处于低谷时，企业在资本市场里变得不值钱了，而正是这样的低谷，才能够检验出哪个企业是真正有实力的。举个例子，新能源行业、风能行业、互联网行业，当每个人都说这个行业好的时候，它在资本市场的价格都比较高；当大部分人认为这个行业不好的时候，它在资本市场表现出来的价格是比较合理的，也是大众都买得起的价格。而投资中的趋势是：当行业跌的时候应当多花精力去研究它，当行业涨的时候，意味着下一个低谷将来临，此时投资就应当慎重。

所以，疫情后整个资本市场和产业的下跌，给全世界的价值投资者带来了全新的机会。

01 / 指数基金：
买到大牛股的最好机会

只要提到投资理财，很多人的意识里肯定是买股票，从长期利益考虑，股票确实是会增值的一种投资。过去十年里，资本市场诞生了很多创造高价值的好公司，而它们的股票也不断上涨。你的朋友或者亲戚，一定又热买了特斯拉、茅台、五粮液、比亚迪、苹果的股票赚了不少钱，但是，肯定也有很多在股市亏损的人。

有的人，买一只股票，很轻松就上涨了，也赚到了一些钱；也有的人通过各种渠道打听，研究各种图表，花费了很多心思，却连连亏损。那么，普通人应当买股票吗？

我觉得，普通投资者靠购买个股而赚钱的概率非常低。因为选中一只上涨的股票犹如中彩票，这个概率非常低，即使运气好买到了，大多数人也严重低估了持有这只牛股的难度。

选到牛股为什么难

当我们买股票的时候，都是买上市公司的股票。大多数人会觉得上市公司就是大公司，盈利的公司，但事实并不如此，有一大部分上市公司其实存在很多问题。

而大部分普通股民，买到运营不佳公司的股票比买到好公司股票的概率高很多。举个例子，查看美国标普 500 指数资料可以发现，1926 年，美国的上市公司超过了 25 000 家，但是到了 2015 年年末，还存活的公司只有 5 000 家了，从而可以得出结论，有超过 80% 的上市公司破产了，而股民们投资到这些倒闭公司的钱白白打了水漂。标普指数 500 的公司中，10 年中跑赢指数的公司有 60 家，40 年只有 12 家能跑赢标普指数。

从相关报告中可以看出，以 10 年来计，选中好股票的概率是 20% 左右，而以 40 年来计概率是 2.4%。结论是，即使是最专业的投资人，选中差股票的概率也非常高。

有读者可能会说，选出好股票很难，但是我还是看到很多人通过买股票赚到了钱，更有像巴菲特这样的投资家，通过股票实现财务自由。其实也有很多买股票赚到钱的人，但这条路走起来会有很多困难，需要我们调整好心态。

2020～2021 年，茅台股票疯狂飞涨，总市值突破 20 000 亿元，继续稳坐 A 股市值第一把交椅。但茅台曾经也跌过，严重的两次分别是 2008 年的金融危机期间的起起伏伏,一直到 2015 年才稳定并上升;在 2018 年也出现了起起伏伏的状态。自 2019 年 1 月开始,短期也有调整,但整体上扬。

2021 年开年以来,白酒各股出现下跌的趋势。只有少量白酒股价为上涨状态,其他白酒股均呈现不同程度的下跌,茅台也不例外。

白酒股清冷,或许是受到整个大盘下跌的影响,也有业内说法认为,白酒资本市场的表现或与即将到来的年报期有关。企业年报或导致白酒资本市场出现波动反应。也可能是年前资本对于白酒行业估值过高的一种短线回调。

举这个例子就是为了告诉投资者,即使你买中牛股,挑中了一个时代的伟大公司,持有这个股票的过程也是非常波折,甚至可以用"惊心动魄"形容。

普通投资者还要买股票吗

在回答这个问题之前,应当先了解"指数基金"这个概念,所谓的股票指数基金,就是以特定指数(如沪深 300 指数、标普 500 指数、纳斯达克 100 指数、日经 225 指数等)为标的指数,并以该指数的成分股为投资对象,通过购买该指数的全部或部分成分股构建投资组合,以追踪标的指数表现的基金产品。通过购买指数基金,投资者就相当于购买了很多家公司的股票,能分享这些公司成长的收益。

很多人会认为,指数基金,是一种相对保守、安全、弱势的投资方法,因为它不刻意选择股票,而是把大部分"市场"买下来,保证自己获得平均收益。也有一种说法是,当投资者不知道该做什么的时候,才去买指数基金。

这种说法比较片面,其实一个明星股票可以带动其他股票,这就是买指数股票不会出现太多亏损的原因。

下面以香港的恒生指数为例说明。从 2010 年 6 月 30 日到 2020 年 6 月 30 日,恒生指数成分股的市值从 11 万亿港元涨到了 18 万亿港元左右,约涨了 7 万亿港元,而这其中,有 40％多的市值都是由腾讯一家公司贡献出来的。

著名的金融学者威廉·伯恩斯坦曾统计过,美国股市从 1926 年以来,所有的投资回报,都来自表现最好的 1 000 只股票,而这些股票的数量仅占所有上市公司数量的 4％。4％的公司提供了 100％的回报,可以得出结论,购买指数基金,其实是主动地押中高收益的大牛股。

选择指数基金时的注意事项

要选择跟踪成长性较好的指数基金投资,但找到这类指数基金比较难,这需要投资者多花些时间和精力去经营。

选择投资跟踪误差较小的指数基金,基金经理将这类基金管理得更好,投资者就能实现良好的收益。

02 / 抄底哲学：
市场的不理想和买入的时机

股市中有琳琅满目的股票，要选到一只优秀并很赚钱的股票是一件有难度的事情，因为优质的好公司比较稀少，并且难以捕捉，即使投资者遇到一家很好的公司，在持有的过程中，也是充满艰辛，因为市场的不理性程度，往往会出乎我们的意料。

"价值回归"还是"价值毁灭"

巴菲特曾经说过："要用五毛钱买价值一元钱的东西"，但是很多时候即使股价打了 5 折，也不意味着它就是安全的。

如果一家公司的股票从 50 元临时跌到了 25 元，而投资者在这个时候买下这家公司的股票，接下来发生的，也许是投资者期待的从 25 元到 50 元的**"价值回归"**，但也有可能是从 25 元继续跌到 1 元的**"价值毁灭"**。

在我们以往的认知里，通常会觉得，股市最多就是跌 30％～40％，跌到 50％就开始止落回升了，但金融危机出现时，股价的跌幅将会让我们"大跌眼镜"。

花旗银行曾经是一家全球性的大银行，其治行方略、经营理念、管理制度、企业文化一直是业界典范。但尽管是如此优秀的公司，也没能抵住金融危机的风暴。

2009 年，昔日的全球最大银行花旗集团纽约股价下跌至 1 美元以下。在花旗集团早期蒙受了 375 亿美元以上亏损并被迫寻求政府救援之后，投资者大都对花旗银行失去了信心，觉得其股票很难恢复到原来的股价了。

而在 2006 年的高峰时期，花旗银行股价最高曾达 55.70 美元，市值为 2 772 亿美元。且不说次贷危机、金融危机对花旗巨额亏损的影响，仅从股价的走势上看，花旗股价跌破 40 美元，大约是在

2007 年 11 月份,该股当时破位下跌,而那个时候,美国的次贷危机才刚刚开始显现……

2009 年 3 月,花旗的股价从 50 多美元跌到了最低 1 美元,这让很多人都觉得匪夷所思,一家有 200 年历史、人人信赖的知名公司,在金融危机来到的时候,股价在短时间内下跌了 98%。

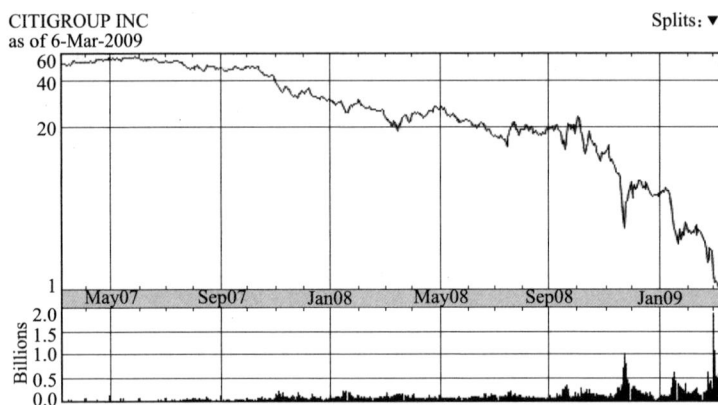

花旗股价走势图

在这种情况下,难免会出现一些冒险者,觉得自己可以剑走偏锋,赌上一把,觉得股价跌了 50% 之后是个很好的买入机会了,并相信股价肯定会在跌破 50% 时回弹,那么,很有可能这个投资还会再损失 96%,最后到血本无归。

华尔街有一句经典谚语叫:Don't catch a falling knife。中文翻译就是:不要接飞刀。股票如果正在连续下跌,非要去赌上一把,结局可能像接一把下落的刀一样,把自己割伤,换句话解释就是:不要幻想自己有抄底的能力。

作为价值投资者,我们都相信价格虽然会和价值偏离,但最终都会回归，但没有人知道什么时候价值能够回归。

一般情况下，如果有很多人买一只股票，那么就会有更多人来购买这只股票，买的人越多，股票的价格就会涨得越快；相反，一直跌的股票，抛出的人会更多，那么股票就会在短期内继续跌下去——这就是**市场自我加强**的意愿。

所以，当我们想抄底时，风险是非常大的，虽然有时候我们会低估了某只股票的价值，但对于大部分投资者来说，很难等到股票回到原本的价值，甚至飞涨的时候。

知道自己现在该干什么

有的投资者会说，也有很多价值投资者成功了啊，他们是怎么做到的呢？

很多成功的投资者拥有很多我们普通投资者并不具备的能力和条件。举个例子，巴菲特的投资绝大部分是靠他旗下保险公司的浮存金来运转的。

浮存金是指保户向保险公司交纳的保费。保户交纳的保费并非保险公司的资产，在财务报表中应列入"应付账款"，属于公司的债务，当保户出险时，拿出来付给保户进行理赔。

有了"浮存金"这个保护壁垒，巴菲特每天都有很多的现金流进来供他投资，并且这个现金流的利息极低，好多年都不用还。即使巴菲特暂时投资失败，出现了浮亏，他也不担心，因为他还可以继续投入一笔笔钱不断买入,摊低成本,然后慢慢等待公司的价值回归,一般的投资者是没法做到的。

即使是华尔街顶级的投资经理,短期内业绩也会出现不好的情况,投资者在这种情况下会把钱赎回去,所以,要做一个长期持某只股票的价值投资者是非常困难的。

华尔街有句名言:"一个好的操盘手是一个没有观点的操盘手。"正确来解读这句话就是:一个真正成功的投资者在投资过程中不事先假定股市应该朝哪个方向走,不做预测,而是让股市告诉他股市会走到何处,他只是对股市的走势作出反应而已,不必设法证明自己的观点是正确的。

我的结论是:投资者不必去探究股市过去为什么会呈现那样的走势,也没必要预测股市未来将是什么样的,但是必须知道现在该干什么!

03

散户利器：
公募基金

公募基金(Public Offering of Fund)是指以公开方式向社会投资者募集资金并以证券为主要投资对象的证券投资基金。公募基金是以大众传播手段招募，发起人集合公众资金设立投资基金，进行证券投资。这些基金在法律的严格监管下，有着信息披露、利润分配、运行限制等行业规范。

芒格曾经有这样一个论断,以捕鱼为例,如果你想要捕到鱼,那么首先你要去鱼多的地方。关于投资基金和直接投资股票的胜率,以 2019 年全年为例,全市场主动管理的股票基金和混合基金 99％都是正收益,而股票的正收益概率为 67％。

年份	股票上涨概率	基金上涨概率
2010	60.15％	62.41％
2011	9.93％	0％
2012	45.68％	78.81％
2013	68.81％	88.46％
2014	89.87％	96.56％
2015	91.22％	98.98％
2016	30.69％	34.51％
2017	32.79％	87.4％
2018	8.85％	15.54％
2019	67％	99％
2020	51.7％	99.3％

从表中可以看出除了 2011 年基金表现不好,从 2010 年到 2019 年,基金的上涨率都非常高。截至 2020 年 12 月,中国基金业新增资金接近 5 万亿元,平均到全国人民头上,每人都增配了 3 000

元到 4 000 元的基金,其中大部分是股权类产品。2020 年公募基金回报率的中位数是 40.9％,一半以上的基金经理 2020 年替投资者赚了 40％以上,其中最优秀的那 10％的基金经理的回报率是 75％。这些数字背后是一个大的拐点:中国 A 股市场正在从"个股时代"转向"基金时代"。

投资基金有风险吗

基金投资是一个高度专业化,对管理团队能力依赖极高的行业。金融行业的马太效应极强,分化严重,全球大环境经济增长乏力,利率下行,好项目稀缺,这都意味着,投资者选择好基金会变得更重要。2020 年 A 股市场进入"基金时代"是由中国居民财富水平和宏观局势所决定的。

1. 基金的专业化溢价

2020 年之后,不管是从国家宏观政策层面,还是居民财富管理层面,鼓励以股权为核心的基金业发展成了选择项。除此之外,2020 年,A 股市场的发展阶段也让"专业化基金"成为必然。

虽然我们经常抱怨中国机构投资者"散户化",但数据显示,机构投资者的"专业化溢价"还是存在的。

(1)机构盈利,散户亏损,差距达到 25％以上,而且越是小散户,亏得越多。

(2)越是市场波动,散户和机构的差异越大。2015 年的 A 股流动性危机中,股票型基金的表现都要好于个人投资者。尤其在止损能力上,股票型基金比散户更强,有 1/4 的个人投资者出现严重亏损,出现同级别亏损的基金只有 3.4%。

中国资本市场制度建设正在进步,像股票发行注册制、常态化退市制度等,都是要让市场定价朝着"正常有效"的方向演进,让单个资产的价格能充分反映各自美丑,避免滥竽充数或者错杀无辜的情形。

2020 年之后,即使是牛市也不再是普涨的局面,牛市里普通投资者也更难赚钱。越是分化动荡的市场里,专业化溢价越重要。所有这些都让专业化基金不得不成为未来城市中产阶层的标配之一。

在建立以股权投资为核心的直接融资市场背景下,2020 年是 A 股市场进入"基金时代"的起点。

2. 基金收益率的特征

在美国市场上,主动型基金跑不过被动指数投资,基本是个共识。2008～2017 年,巴菲特押注标普 500 指数会超过主动型基金——市场也证明了巴菲特是对的。

美国有调研发现,投资额小于 5 万美元的账户绝大多数投股票,金额高于 25 万美元的账户中,更多人选择投基金。中国也一样。2017 年招商银行的私人财富报告发现,可投资资产超过 1 000 万元的高净值人群,基金占比高达 63.3%,而普通人则更偏爱个股,基金配置只有 17%。

　　财富水平越高,就越追求资产的安全性。钱少,就要"创富",钱多,就要"守富、传富"。相比于高收益,稳健才是高净值人群最看重的投资要素。个股的表现呈现出"极化"的趋势,而基金的表现相对中庸。

　　2020 年,截至 12 月中下旬,A 股市场上 48.3% 的个股是下跌的,而赚钱的基金是 99.3%。即,如果投资者 2020 年投资个股,赚钱概率大约是 52%,投基金,赚钱的概率则是 99%。

　　我们还进一步做了统计处理,结果显示,基金表现的均值更大,方差更小,四分位差更小;股票收益率的均值更小,方差更大,分布上也相对右偏。简单理解就是,投资基金的大部分人都赚到了钱,投资股票的只有极少数人赚钱。

　　当市场大跌的时候,基金就会表现出较好的风险控制能力。这是因为虽然"一熊熊一窝",但个股的特质性风险也同样重要,垃圾股会在短时间跌得很快,这时候基金经理的选股、风险管理等专业化能力就会体现出来,基金的表现就会强于大盘。

　　基金是相对"求稳"的投资方法,在对抗市场下行风险的能力上比较强。小资金希望"富贵险中求",大资金则需要"活得久",所以高净值人群投资倾向逐步从个股转向了基金。

购买基金的方法

　　其实,很多人都不知道,买基金比买股票赚钱。有些人看到买基金的也有不少亏钱套牢的,就想是不是买基金和买股票亏钱一样多?其实不是这样的,有些时候一些细微的差距就会天差地别。

主动管理的基金长期持续跑赢股票,累积起来的优势是十分巨大的。但是,为什么还有不少人投资基金陷入亏损呢?投资基金,并不只是听别人说买哪一个产品就买那个产品那么简单,不需要研究随便买一个基金就可以躺赚。其实投资基金,也一样有一套筛选基金的方法论。只有掌握了方法,才能事半功倍。

目前,市场上有不少基金大 V 给了一种方法,就是只投指数。因为指数可以分成很多品种,比如境内和境外的指数,不同板块的指数,不同行业的指数,不同资产类别的指数等。这些不同的品种可以构成很多网络,可以根据涨跌幅来进行波段操作赚取利润。

当然这是一种方法,不过对于不少散户来说,投资指数对于择时的要求很高,而择时对于散户来说就是一道门槛。投资者可以选择投资主动管理型的基金,优秀的主动型管理基金一定是可以跑赢指数,并且替你择时。

选主动型基金的铁律

选主动型基金有几条定律需要投资者牢记在心。

1. 选择投资年限比较长的基金经理

投资年限多久算长？我的建议是选有 5 年以上经验的比较合适。巴菲特曾说："在资本市场久了，什么都会见到，见得多了，也就不奇怪了。见得多了，就会对市场有一种直观的感受。见得多了，踩过的坑多了，就会知道哪里该去，哪里不该去，知道哪些地方自己不知道。"虽然有的新秀基金经理业绩也会很优秀，不过他们还需要很长一段时间去经历和试错，但是作为有经验的投资者，我们不应该让新基金经理拿我们的钱给自己增长经验教训。

2. 极端情况下基金的表现很重要

例如，2008 年，当市场出现大幅下行的时候，基金的表现能反映出来一个基金管理人的意志品质。要观察极端情况下基金的表现，来确定基金管理人的能力。

3. 看业绩表现

投资最后都要落实到业绩上来。业绩是硬指标。我们可以通过基金经理管理基金整个周期的年回报率、波动率、单月胜率来分析基金经理的业绩。

过去十多年，与指数相比，中国偏股型基金在获得"超额回报"上略有优势，却并不明显。但基金具有反极化和抗波动的特征，是更稳健的投资方法。

公募基金只是投资市场的一种选择,对于一般年轻人,如果对投资有些兴趣且有些天分,我还是建议多去学习投资的方法和理念。中国经济增长这么多年,不会有一个永远低迷的股市。中国的大牛市一定会到来,在这之前,无论是选择基金还是学习股票投资,我们都要做好准备。

04

进退有序：
指数基金的定投进阶

这几年，基金业有一个特别火的投资策略，就是基金定投。基金定投，是定期定额投资基金的简称，是指在固定的时间以固定的金额投资到指定的开放式基金中，类似于银行的零存整取方式。而人们平常所说的基金主要是指证券投资基金。

定投该投吗

越是震荡的市场和资产,越适合定投。

我们来做一个测试,假如从 2016 年年初开始,我们每个月定投 2 000元到一只基金,一直到 2020 年 2 月,也就是 50 个月之后赎回 (不考虑资金时间成本),一共投了本金 10 万元钱;另一种投资方 法,是在 2016 年年初一次性将这 10 万元钱投到同样的基金里,持 有 50 个月,哪个方法的收益会更高?

我们选择市场上最常见的几个定投标的,一起来看看相应的 收益率:

第一个是上证 50 指数基金。定投的收益率是 14.95%,一次 性投资的收益率是 15.26%,两种方法打了个平手;

第二个是创业板指数基金,定投收益率是 17%,一次性投资收 益率是一23.7%,差距高达 40%,定投胜出;

第三个是易方达中小盘基金,定投收益率是 58.7%,一次性投 资收益率则是 117.9%,一次性投资比定投回报高出 2 倍;

第四个是一个行业指数,中证白酒指数基金,定投收益率是 67.2%,一次性投资的收益率则是 170.8%,定投又跑输一次性投 资,而且差距更夸张。

1. 定投到底该不该投

在过去 5 年,这四个标的本身的收益区别也非常大:上证 50 表现平庸,创业板表现最差,易方达中小盘和白酒指数是"优等生"。换句话说,当一个投资标的表现平庸的时候,定投和其他投资方法的差别不大;但如果投资标的表现很差,定投就有优势;如果投资标的表现优异,定投反而是拖累。

出现这样的情况,其实与定投的本质有很大的关系:任何一个金融资产的价格都不会是一条直线,而是上下波动的,非专业的投资者特别容易在高点的时候买入,在低点时卖出,被大批量"割韭菜"。华尔街流传一句话:"要在市场中准确地踩点入市,比在空中接住一把飞刀更难。"而定投就是时间维度上的风险分散,其实,越是波动大的资产,定投效果越好。

2. 什么标的适合定投

一个资产的价格变化可以分为趋势和波动两个部分,定投主要是熨平波动,类似一个均值回归的过程,会削弱趋势。所以,当趋势不显著的时候,定投与否的影响不大;当向上趋势非常显著的时候,定投会拉低收益;当向下趋势非常显著的时候,定投会降低损失。

大部分投资者最常犯的一个错误是"过度自信",所以大多时候,普通投资者用定投的方式,是比较安全的,毕竟,投资最要紧的事情,是先活下来,活得越久胜率越高。

3. 定投指数基金还是主动型基金

基金定投的时候会面临两种选择,一种是被动型的指数基金,就是刚才说的创业板指数、上证 50;另一种是像易方达中小盘这样的主动管理型基金,哪种更适合基金定投呢?

一般而言,当定投主动型基金的时候,我们又承担了"选择基金经理"的任务,这是定投没法解决的问题。而且指数基金成本更低,所以一般经验会告诉你,指数基金更适合定投。但是,从过去两年牛市的情况来看,似乎这个说法也不太成立。很明显,在一个分化的牛市中,主动管理型基金业绩是远远超过指数基金业绩的。定投是一个有效的策略。换句话说,其实我们所说的所有投资原则都是在个体约束条件下的最优。基金定投,尤其对年轻人来说,是一种非常好的强制储蓄手段。

基金定投怎么投

1. 定投期限

中国的股市具有"牛短熊长"的特征,经历一轮牛熊的周期是 3～5 年。一般来讲,基金定投坚持 3 年以上,才会有比较好的收益。如果基金定投只有半年、一年,而不巧碰到市场持续下跌的行情,定投很有可能亏钱。

2. 定投频率

不必过于纠结定投频率,可以周投也可以月投、季投。当然频率不能太低,比如,每年定投,甚至每几年定投。频率太低就没法分散时间维度上的风险了。

3. 定投金额

定投的具体金额只能因人而异，但由于基金定投的周期较长，所以一定要保证日常消费、流动性资金充足的情况下才能投。这也是我 2020 年在财富报告中强调过的，"拿来做金融投资的钱，一定是满足流动性需求后的非流动性资金"。

定投是时间维度上的风险分散。一个资产价格的趋势不清晰，波动又大的时候，定投策略更优。普通投资者在趋势判断上并无优势，所以定投对大部分人合适。越是金融小白，定投越奏效，定投对年轻人来说是较好的储蓄方式。再次强调，定投要注意，期限要够长，频率不要太低，金额因人而异，但一定要保证自己的流动性。

交易成本：
普通投资者的盲点

　　谈到投资，大家想到的都是收益的高低，毕竟每一个投资者都是为了赚到钱，但是很多人在投资中会忽视一个事实：我们获得的收益，一方面是投资带来的回报，但同时，我们在这个过程中还支付了很多费用和成本。把这两项减去，才是我们实实在在赚到的钱。想要真正赚到钱，我们不但要考虑"开源"，也不能忘了"节流"。

　　可能有人会觉得，钱花得多才能赚得更多，钱并不是省出来的，所以投入比支出更重要，但在个人投资这件事上，却正好相反。

　　实际上，投资过程中的费用和成本，对我们的投资收益率的负面影响非常大。很多投资者就是因为买了费用过高的产品，忽视了投资中的很多隐性成本，最终结算的时候发现投入产出比极低。

基金有哪些费用

购买一只基金，需要交的费用有十多项，而这笔费用，都是需要每个购买基金的人来承担的。

1. 认购费/申购费

认购费与申购费性质类似，都是向基金管理人购买基金单位时所支付的手续费，因为在不同的阶段支付所以有所区别。认购费是投资者在基金发行募集期内购买所支付的手续费，申购费是投资者在基金存续期间购买所支付的手续费。

申购费用＝申购(认购)金额×申购(认购)费率

费率：申购(认购)费率通常在 1% 左右，不同类型的基金申购(认购)费率也存在着天然的区别。另外，费率会随购买金额的大小相应的变动，购买越多，费率减让会越多，但一般不得超过申购金额的 5%。

申购费率通常高于认购费率，但是申购费经常会不同程度的打折。基金公司直销平台上的折扣一般是四折到八折，因为银行不同而不同，一些第三方理财平台常会有一折的折扣优惠，另外，不同银行网银上购买也会有不同折扣。

2. 赎回费

定义：赎回费与认购费/申购费相反，是投资者向基金管理人卖出基金单位时所支付的手续费。

赎回费用＝赎回金额×赎回费率

费率：赎回费率通常在 0.5% 左右。

另外，货币基金和短期债券基金没有赎回费，权益类赎回费较高，债券型赎回费较低。

为鼓励投资者长期持有基金，一些基金公司推出了赎回费随持有时间增加而递减的收费方式，即持有基金的时间越长，赎回时付的赎回费越少。

赎回费的设置其实是为了保护投资者，鼓励对基金发展更有利的长期投资，避免短期交易投资人的频繁交易对长期持有人利益造成损害。

3. 管理费

管理费是基金管理人为管理和操作基金而收取的报酬。

管理费的收取公式是：**每日应计提的管理费＝前日基金资产净值×管理费年费率/当年天数**

费率：年管理费占资产净值的比例——货币市场基金为0.33%，债券基金通常为0.65%左右，股票基金则通常在1%～1.6%之间。

4. 托管费

托管费是基金托管人为基金提供服务而向基金收取的费用，比如，银行为保管、处置基金信托财产而提取的费用。

公式：**每日应计提的托管费＝前日基金资产净值×托管费年费率/当年天数**

费率：年托管费在基金资产净值的0.25%左右。

5. 销售服务费

销售服务费指基金管理人从基金财产中计提的一定比例费用，主要用于支付销售机构佣金、基金的营销费用以及基金份额持有人服务费等。

公式：**销售服务费＝前日基金资产净值×销售费率/当年天数**

费率：销售费率通常在0.6%左右，不得高于3%。

6. 运作费

运作费包括支付注册会计师费、律师费、召开年会费用、中期和年度报告的印刷制作费以及买卖有价证券的手续费等。

费率：年运作费占资产净值的比率较小。一般不计或者不披露。

改变我们投资收益的机会

1. 基金支出的费用和成本加起来有多少

拿"沪港深精选股票型基金"来分析，这只基金，首先要收1.5%的管理费——管理费主要就是用来支付基金经理和团队的工资、租办公室的费用、各种运营费。并且管理费不是一次性收取的，而是年年收，换个说法就是，每天都要收费，标准是：一年投资额的1.5%。

另外一个常见的费用是申购费，这是个一次性的费用。这只基金的申购费是1.5%，也就是说，买1 000元的基金，当投资者付款那一刻，就要被扣除1.5%的费用，申购费基本就是被各种银行、代销机构或者基金公司拿走了。

赎回费，是当投资者不想投资了，要把钱拿出来，投资机构还要收的一笔钱。比如，这只基金，如果投资10天内就想赎回，要收走1.5%的赎回费，如果投资的时间更长一些，费用就会降低到0.25%，这也是为了让投资者长期持有基金的一种方式。

以这只基金为例，假设我们持有的年限是3年左右，那么每年会付出3%左右的费用。

假设我们一开始投资了100元，按照10%的每年回报，10年之后投资的100元会变成259元，20年之后投资的100元会变成673

元，分别翻了接近 3 倍和 7 倍。

如果按照投资 10 年计算，投资者的利润就被别人拿走了 40%；如果按照 20 年计算，投资者的利润被别人拿走了 50%，高达一半之多。仅仅因为这些看起来好像没多少的费用，投资者辛辛苦苦攒钱投资 20 年，最后一半的收益都奉献给各种银行、机构和基金经理了。这可能会让大部分投资者惊讶，但这却是一个不争的事实，投资的时候大部分人都只看到收益率的数字，而往往忽略了节省成本的重要性。

2. 每年看起来只有一点点的成本，却会大幅改变我们的投资收益

这就是我们前面讲到的复利的作用，虽然第一年我们只付出 3% 左右的费用，但当复利发挥作用，等 10 年或者 20 年后，费用是非常可观的。

对冲基金的费用结构是"2+20"，就是每年管理费是 2%。如果赚到了很多收益，基金经理和投资者的分成比例是 2∶8，就是投资者要分给基金经理 20% 的收益。仔细算一下，投资者要分出去的钱还是非常多的。

在投资的时候，要注意控制成本，在长期投资中，即使投资者每年只是省一点点，也是一笔不少的金额。

有一类基金，人为干预少，交易次数低，只是单纯的跟踪市场。目前，市场上常见的基金里费用最低的就是类似于沪深 300 指数这类的被动型宽基指数基金。目前沪深 300 指数基金，申购费用是

1.2%,赎回费用是0.5%,相对来说,费率很低。

投资研究的创新先锋机构晨星,在对全球资本市场做了各种统计和测算之后,发现,最好的预测指标,居然是基金的收费。

通过大量的研究和参数对比,晨星作出总结:收费越少的基金,总体收益越高。他们还发现:平衡型基金、股票型基金、债券、国际基金也适用这个规律。

当然,这只通过一些数据分析出来的相关性,也会有不适用的个案。

但是,在投资的过程中,不要忽略每一笔费用,要懂得开源节流,降低每一笔支出的费用,这样才能收获更多财富。

06

角色互换：
如何对待别人的投资建议

只要年龄满 18 岁，有一定的储蓄，就可以申请开通个人的证券账户，其实投资的门槛并不高。如今，网络发达，在线开户甚为便利，5 分钟就可以开通证券账户，便利的线上交易带来了及时满足。

在投资过程中我们常常喜欢做一件事：咨询别人，比如，遇到了一个比较懂投资的人，总喜欢要问最近买了什么，接下来什么股票、什么资产可能表现好，或者关注市场上的各种观点，很多时候，我们的投资决策就是依据这些建议作出的，对于普通散户来说，如何对待别人推荐的股票是我们常常思考的问题。

什么是"利益错位"

相信不少长期投资者都有过跟"权威建议"进行投资的经历，赚钱了吗？答案应该是否定的，这其中的原因就有"利益错位"问题。

很多人应该了解"分析师评级"的概念，所谓分析师评级，就是华尔街以及国内的主要投行和券商，对一家长期跟踪公司的股票，给出的投资建议。

常用的评级有：买入、持有、卖出、观望等。这些大型投资机构的股票分析师往往都是名校毕业、成绩优秀，通过层层选拔进入公司里，并且要工作很长时间，才被允许独立地撰写报告，发布自己对某只股票或某个行业的观点，但是，他们的目的并不是帮普通投资者赚钱。

2017 年，《华尔街日报》做过一个统计，统计显示：针对美国标普 500 指数覆盖的 500 家公司，美国的投行和研究机构给出的几千个评级中，只有大概 6％是"卖出"评级。著名的金融媒体CNBC 也做过一个统计，从 1997～2017 年，这 20 年的时间里，整个市场上股票的"卖出"评级的数量，常年都在 10％以下。也就是说，分析师对于 90％以上的公司，或者推荐你"买入"，或者让你"持有"。

事实上：从 1926 年到 2015 年这 90 年的时间里，美国一共有超

过 25 000 家公司上市，到现在还能算"活着"的也就是四五千家，超
过 80％的上市公司都已经消失了。怎么可能有 90％以上的公司都
值得持有呢？这显然是矛盾的。

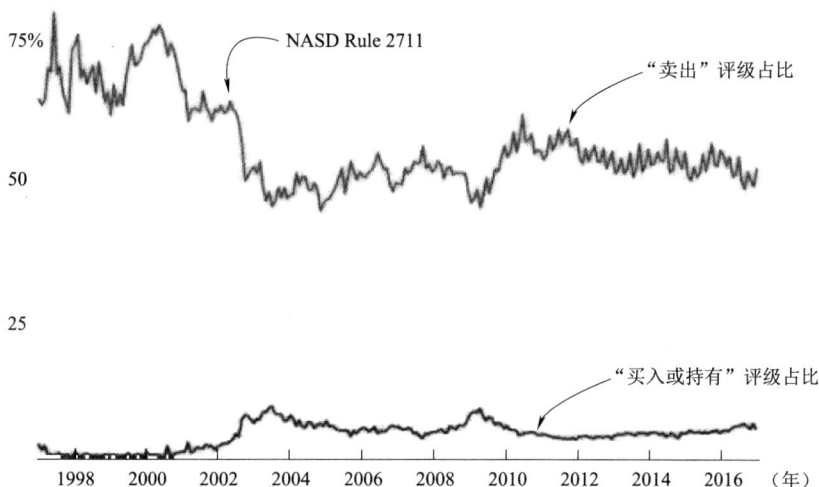

（另外，即使是两个灰色区域覆盖的危机时期，"买入"评级的数量也是居高不下）

　　股票分析师并不靠自己的评级结果挣钱，对于分析师来说，他
们的收入来源是大型投资机构——比如，各种公募基金、对冲基
金、保险公司等。

　　而对于大型投资机构来说，它们并没有那么在意分析师给出
的评级到底是什么。因为这些机构往往也有自己的专业研究团
队，负责产出具体的投资决策，不可能别人说什么自己就信什么。
即使拿到投行分析师的报告，更多的也是参考里面的逻辑和数据，
具体买还是卖，还是得自己作决定。

　　对机构来说，分析师就是帮助机构和各个上市公司的管理层

牵线。分析师往往要和自己负责的公司搞好关系，而维持好关系的方式就是给这家公司"卖出"评级。所以，这就导致了我们开始说到的那个现象。华尔街对公司给"卖出"评级这件事非常保守，所以数量常年很低。

这就是我们说的"利益错位"问题，分析师给出"买入"和"持有"的建议，并不准确。

"利益错位" 在股市中的表现及应对

"利益错位"而这个问题在股市中也存在。假设推荐的股票第二天50％概率会上涨，那么，第一天推荐 1 000 只股票，第二天有 500 只上涨；第二天，再推荐 1 000 只股票，第三天又有 500 只上涨……以此类推，总会有人收到的推荐股票一直是上涨的，这只是个概率的问题，就像投注筹码，总会有命中的时候，散户在投资的时候一定要以良好的心态去投资。

目前，我们知道的绝大多数理财产品和基金，都不可能保证收益，任何理财顾问，卖给投资者产品之后，都没有义务保证投资者的收益，投资者也没有权利要求对方这么做。对理财顾问来说，只要能把东西卖给投资者，拿到佣金，那么任务就完成了。

在这种机制下，理财顾问还会推荐给投资者佣金更高的产品，而不是更适合投资者或者收益更大的，所以在这种错位的利益之下，赚钱就是一个概率问题。

美国著名投资人吉姆·罗杰斯曾在新加坡接受了第一财经《顶级投资人》节目专访时说道，他对投资者给出的第一条建议就是："任何情况下，都不要轻信别人的投资建议。"

这也并不是说投资的任何建议投资者都不能听——毕竟这是投资者反思、学习和进步的重要方式。针对一些投资建议，投资者不要简单地根据对方的建议就直接采取行动。

首先，投资者应当判断对方与他的建议之间有什么利益关系，其次，投资者应该去搜集关于这个产品以及产品背后的更多信息，再作综合的决定。

07

市场预测：
行为金融学与散户有关吗

行为金融学就是将心理学尤其是行为科学的理论融入金融学之中，是一门新兴边缘学科。行为金融学从微观个体行为以及产生这种行为的心理等动因来解释、研究和预测金融市场的发展，所以行为金融学与散户息息相关。

股市的不可预测性与行为金融学

有句话说，股市中唯一能够预测的就是它的不可预测，唯一的理性分析就是投资者的非理性。事实也的确如此，你是否也经历过持有的股票亏了，却不舍得止损离场，或者下跌中反复补仓，期待绝地反弹；又或是股票涨了，却不知应该何时落袋为安。

另一方面不持有某只股票时，你是否有过看着这只股票节节攀升，却不敢上车，心里想着等回调，最终却越等越高；或者刚卖出的股票就开始上涨，后悔的牙根痒痒。相信很多人都有过类似的经历，包括我们自己，最可怕的是以上多数情况下，也许我们自己都找不到错在哪里，或者根本意识不到自己有什么问题，最后只能撂下一句自己运气不好，或者是市场不够理性。

以上这些困惑不仅困扰着我们，也困扰着一代又一代的专业投资者和学者，因为正统金融学概念都是基于投资者和市场理性的这个假设建立的，所以往往越是懂金融知识的人，越不能理解市场的一些诡异表现。

比如，特斯拉在 2021 年 7 月 13 日没有任何征兆的日内浮动超过 20%；中国的一家美股上市公司五米科技，两天内暴涨了 8 倍，又迅速下跌，跌幅超过 50%。

传统金融学很难解释这些诡异的现象，只能归咎于投资者的不理智，直到近些年兴起的另一门金融类学科——行为金融学的诞生,才逐渐填补了传统金融学的空白,同时也给普通投资者指出了一条明路,那就是想要靠投资股票赚钱,你就得先了解住在你心里的那只"小恶魔",懂得如何和这只"小恶魔"正面硬刚。行为金融学是包括了投资者心理学、行为科学、认知心理学和金融学的一门交叉学科,内容包括宏观和微观两大类。

其中微观的部分和普通投资者息息相关,因为其主要讨论的是普通投资者的一些无意识的行为和认知偏差,是如何影响投资决策的。

直觉类错误和情感的偏差

这些非理性的行为和认知偏差可以分为两大类,**直觉类错误和情感的偏差**。

前者有点类似于我们做数学题时的粗心大意,是因为数据收集和加工的过程中出现了错误,这些错误没什么好说的,相对容易定位也更容易改正。比较有趣的是后一类情感类偏差,这个偏差是由于人们的直觉或者情感干扰产生了偏见,从而做出偏离最优的投资决策。

这些偏差难以察觉,更不要说改正了。也就是说,使我们投资滑铁卢的并不是我们的理性分析,而可能是受我们自己都意识不到的一些直觉和情感干扰,这些干扰导致我们做出了错误的投资决策。

老投资者有没有过类似的经历，新手投资者是否能够提前避免类似的错误，这一类情感偏差名为趋避偏差（loss version），说的是投资者更偏爱避免损失而非追求获利。有大量研究表明，当人们面对等量的损失和收益时，损失带来的冲击更大。

举个例子，人们损失50％本金的痛苦感往往大于赚取50％收益的喜悦感，那么在实践中，这种情感的偏差会发酵出怎样的效果？

由于人性中固有的情感偏差，因而在投资中我们经常会做出一些不理性的操作而不自知。比如，投资者往往更难卖出在账面上亏损的股票，即便它的上涨潜力已经很低了；而对于账面上盈利的股票，一点小波动就可能导致投资者卖出股票，因为他更愿意选择落袋为安，而不愿意去承担损失，更不愿意用已有盈利的风险去博取潜在的收益。

这也是为什么有人说，交易越频繁的人往往亏的钱越多，因为从情感上来讲，频繁的交易更可能是由于投资者放弃了太多上涨的股票，从而限制了股票上涨的潜力，而选择留下了太多亏损的股票，最终导致了整体的亏损或者盈利不足。投资者可以看看自己的股票账户，是否留下的都是账面亏损的股票呢？

市场上有一种传说，老奶奶买股票买完忘了，10年后翻出来一看赚的比基金经理还多，这是因为老奶奶完全规避了情感偏差，都忘干净了，自然也不存在情感，从而充分实现了股票的上涨潜力。

当然这只是玩笑话，光靠运气是不可能在股市中赚钱的，那么投资者该如何克服趋避偏差这种情感偏差，从而做出正确的投资决定呢?

　　首先,必须要说,存在情感类偏差,并不是投资者的过错,而是人性本来如此。投资者要做的并不是从情感上去纠正这个偏差,因为这几乎无法实现。

　　如果让你去平衡你对母亲的爱和你对妻子的爱,这几乎很难做到,但你能做到的是调整应付母亲和应付妻子的手段。在股票投资中也是如此,我们要做的是找到正确的应对"失败者"和"胜利者"的手段。

　　应对"失败者",最重要的抵抗情感偏差的手段,也许就是设置止损点。

　　对于我来说,这是一条没有情感的铁律,到了止损点就必须卖,毫不犹豫,卖对了,成功控制亏损,卖错了股票反弹,也能保有我做的是正确投资决定的心态。

　　因此,设置止损点能有效帮我控制情感偏差。至于应对"胜利者",抵抗情感偏差的手段就相对没那么容易了。给投资者的建议是留还是卖,都是基于未来的判断和过去的得失无关,做决策时需要剔除沉没成本的影响。

　　另外,更重要的一点,股价的波动会更容易导致情感偏差,从而让人做出背离最优的投资决策。基本面分析则相对理性,虽然也存在基本面分析中的情感偏差,但总体来讲,根据基本面做投资决策会比根据股价做投资决策更能抵抗情感偏差。

　　举个例子,特斯拉总裁马斯克在 2021 年 5 月 1 日发了个消息,他认为自己公司特斯拉股价太高了,结果直接导致特斯拉当天股价大跌 10%。

　　如果根据股价做决策，持有特斯拉股票的投资者很可能受情感偏差的影响，选择落袋为安。然而如果根据基本面做决策，投资者就会发现马斯克的这个消息其实并不会改变特斯拉的基本面，至少这样的消息不至于让投资者提前卖出特斯拉股票，从而放弃潜在的上涨潜力。而事实上，特斯拉的股价从那天起到现在已增长了超过 100%，所以，看基本面分析在一定程度上能有效控制情感偏差。

确认偏差和过度自信偏差

　　你是否听过一种传言，说左撇子普遍比右撇子聪明，身为右撇子的你是否也羡慕过身边左撇子人的智商？

　　你是否也觉得自己有高于平均水平的投资知识和技巧，但经常比不过路边跳着广场舞、下着五子棋的大爷大妈；你是否也有过坚定的看涨或看跌一只股票，市场却总跟你反着来。这些人类迷惑行为，大部分人都经历过。

　　下面继续介绍另外两种最常见的直觉类错误和情感类偏差，**确认偏差和过度自信偏差**。

1. 确认偏差

确认偏差讲的是人们更倾向于注意到与自己观点一致的信

息,并且强化该观点,这是一种直觉类错误,与情感类偏差不同,它相对更好定位,也更好改正。

举个例子,"左眼皮跳财右眼皮跳灾"为什么这么广为流传?

其实并不是神在人们的眼里埋下了提示器,而是人们的认知出错了,也就是确认偏差在作祟。"左眼皮跳财,右眼皮跳灾",这句话太深入人心,在你右眼皮跳时,这个观点就已不自觉地出现在脑海里,从那一刻起,你便开始下意识的寻找或者期待着坏事的发生,而选择忽略周围的好事。一旦真有些坏事发生,比如,你跟朋友吵架了,你便会不自觉地和之前右眼皮跳灾联系起来,并且在脑海里强化这个观点,一代代的中国人就这样一代代的强化,最终变成了我们挥之不去的阴影。

类似的例子还包括生活中的左撇子更聪明,恋爱中的他不爱我了等。事实其实并不一定如此,只是一般事实位置,我们的判断先行了,导致我们只能注意到与我们观点相一致的信息,从而忽略了事实的真相。

确认偏差在投资中表现得尤为明显,普通投资者经常会先对一家公司有自己的判断,看涨或看跌,再去收集资料查看信息,这是投资者的情感无意识地帮着筛选他想看到的信息,而忽略其他信息。

举个例子,我以前写过关于特斯拉的财报分析,为了尽量做到客观全面的分析,我分别从定量和定性两方面分析了特斯拉,也分别讨论了它的优势和担忧,而从评论区可以看出:综合两方面信息讨论的观众少之又少,多数是极力赞成一方面或极力反驳另一方面。比如,在 2020 年新冠肺炎疫情期间,看涨特斯拉的人,他们更在意美国加利福尼亚州的疫情会不会使特斯拉的工厂二度关闭,或者估值模型给出的特斯拉股价是否被高估,而完全忽略了它长期的美好愿景,或者压根就觉得它实现不了。

而看涨特斯拉的人则认为,即便是疫情,特斯拉的销量和盈利仍超过预期,虽然短期可能是被高估了,但这些投资者更关注特斯拉长期的利好和未来的无限可能。

更有意思的是,对于同一条信息,两类人的解读也可能完全不同。例如,对于特斯拉的财务操作中,看涨的人说是无病呻吟;看跌的人在说,早知道他挣不了钱,股价早晚要崩。

对于特斯拉电动车降价的消息,看涨的人说,是马斯克为了扩大规模和影响力的明智之举;看空的人则认为,这是特斯拉管理层为掩饰自己的盈利能力不足而使用了障眼法。

所以大部分人都更倾向于关注与自己观点相同的信息,或者看到自己想看到的那一面。其实持有不同看法的两类人都没有错,问题出在了他们忽略了另一方面的信息,从而可能会导致最后做出偏离最优的投资决定。

2018 年比特币和区块链大热的时候,看跌比特币的商家都愿意接受或交易背后没有实质性支持的货币;然而,看涨比特币的人却选择忽略这个事实,最终导致不得不承受比特币崩盘的损失。

2015 年的苹果(iPhone)的销量遭遇瓶颈,投资者们纷纷看空苹果,虽然 iPhone 销量大不如前,但是苹果成功开发了耳机、手表等新的增长点,继续助燃它的股价,可有些秉持着 iPhone 大势已去的投资者去选择忽略这些增长点,导致他们踏空苹果股价的飞涨,这里面不乏投资界的翘楚,其实说到底不是他们的投资能力有问题,问题多半是因为确认偏差,直觉类错误惹的祸。

那么,我们普通投资者要怎么避免确认偏差这种直觉类错误呢?

分析一下就知道,所有被确认偏差误导的投资者都有一个共同特点,就是他们都先有判断再做分析,这时投资者就很难跟自己无意识的直觉作对,完成客观的分析。

解决办法其实也很简单,就是反过来,先做分析再做判断,当然这只适用于当投资者接触一只新的股票时,而当对已有持仓进行分析时,就不可避免的有先入为主的判断,这时便需要用一些具体的手段来抑制投资者内心的"恶魔"了。

第一,投资者可以有意识的多关注自己的观点、不同的信息,做决定时,同时考虑正反两方面的信息。虽然更加全面的信息不一定会让投资者赚更多的钱,但一定会让投资者做出更理性的决定。

第二,投资者可以使用双层验证法。例如,当你根据股价跌到支撑点这条信息决定买入时,再去寻找另一个支撑你买入决定的信息,比如,公司基本面上的利好或者行业趋势的转好,这样可以帮你有效缓解直觉类偏差。

2. 过度自信偏差

另一个我们要介绍的心理偏差是一种情感类偏差——过度自

信偏差。这类偏差难以察觉，更不要说改正了。自信偏差指的是投资者往往通过主观认知或直觉得到一些不可靠的信念，说白了就是天晴了雨停了，你又觉得你行了。

有数据指出，大部分司机都认为自己的驾驶技术要高于平均水平，即便是在医院里刚出完车祸的司机，也一样认为不是自己的驾驶技术有问题，而是对方司机技术太差。90%的商务经理对自己的成就评价超过对其同事的评价。大多数外科医生也认为自己患者的死亡率要低于平均水平，人们往往对于自己熟悉的领域过度自信，这也是一类很典型的无意识的情感类偏差。

在股票投资中，这类情感类偏差也表现得淋漓尽致。比如，"我"是学金融的，"我"投资股票那是手拿把攥；或者"我"是研究自动驾驶的，特斯拉这家公司该不该买，什么时候买"我"门儿清。其直接结果就是过度低估了投资风险，而过度高估了投资收益。

另外，还有个很有意思的现象，根据金融时报的一篇报道，女性投资者的投资回报率平均高过男性投资者0.14%，这背后的主要原因也是过度自信偏差。

男性过度自信，这个事自古就有，这不仅导致男性投资回报率低，还导致男性自古生存率也比较低，各种因为过度自信偏差去世的人不在少数，在股票投资中则主要表现为过度频繁的交易。

数据表明，女性投资者每交易9次，男性投资者要交易13次，男性平均持有投资8.3年，女性平均持有投资10.7年。这些差别导致的一个最直接的影响就是交易费，频繁的交易自然会产生更高的交易费，从而限制盈利的能力。

　　那么我们该如何克服过度自信偏差呢？一个最有效的方法就是，定时复盘自己的每一笔投资。很多投资者都是在牛市中凭运气赚的钱，又在熊市中凭实力输光的。不做投资复盘，投资者就不可能了解自己是因为什么而成功，又因为什么而失败。时刻保持客观的态度去分析自己的每一笔投资，总结成功经验，反思失败教训，则更可能在长期的投资生涯中控制过度自信偏差。

　　另外，行为金融学还有个很有意思的应用，是根据你的风险偏好对号入座，看看你更可能受哪一类的直觉类错误或情感类偏差影响。

　　比如，如果你是个偏保守的投资者，那么你则更可能被情感类偏差影响，踏空自己看好的股票。如果你是个激进的投资者，则更可能因为过于自信，而选择频繁交易，无视风险，追高买低，过于盲目的自信，最终也会导致投资失败。投资者了解这些心理偏差，才能及时发现问题，才能针对性的改正。

5

第五章

知行合一：
我便是趋势

卖出股票的三大原则：

1. 当你原先买入这只股票的原因不复存在的时候；
2. 当你注意到公司的管理高层变得非常贪婪的时候；
3. 当你愿意把钱投资在其他股票上的时候。

——沃伦·巴菲特

　　在新冠肺炎疫情冲击下，全球原油价格巨幅震荡，国际金融市场也出现了很大的波动，大部分投资者开始担心新的金融危机到来。

　　现如今，全球经济受疫情的影响正在减弱，以股票为代表的风险资产相对表现占优。经济复苏后，在国内大循环为主体、国内国际双循环相互促进的新发展格局之下，有的行业发展受阻，有的行业则迎来了新机遇。后疫情时代的行业，有机遇，有重组与洗牌，也有无情的泡沫破裂，经历此番疫情后，全球化公司抵抗危机的能力会更强。

　　未来投资最大的问题是不确定性，这需要我们不断成长，不断提升自己的认知能力，与时俱进，不断学习、不断成长。只有遵循正确的规律，才不会被踢出局。

01

知己知彼：
散户对阵机构有胜算吗

在金融市场里，散户，被称为"个人投资者"，也叫"普通投资者"。基金经理们，称为"职业投资者"，也叫"机构投资者"。在大部分人的意识里，都觉得职业投资者比个人投资者的优势更多，但事实上并非如此，有时候散户比机构更有优势。

散户相对机构的优势

大部分散户也有很多优势，他们不像专业投资人那样有很多束缚。而职业投资人天生携带的这种"舍近求远、舍易求难"的使命，给他们造成了另一重的障碍，他们不但要跟市场比，还要跟自己的同行们比。而这种行为，又是投资亏损的一个重要来源。

事实上，几乎所有大类资产长期都是上涨的，投资后，赚到钱其实是很容易的。比如，我们借用指数基金这类工具，像标普 500、沪深 300、中证 500，长期买大类资产的指数就可以赚到钱。

散户可以使用像指数基金、ETF 基金、房地产信托基金这些看起来既不高级，也不复杂的投资工具，来完成自己的投资目标。但是职业投资人士是不能使用这些投资工具的，如果只是用这些投资工具来进行投资，投资机构就没必要花钱雇人来做。作为专业人士，获得市场平均回报是不够的，他们一定要有能够超越市场的能力，这样才会有人把钱交给他们管理。

这种情况下，就会有一些人通过技术手段操作**"伪基金"**，英文叫 Closet Index Fund，翻译过来是"躲在柜子里的指数基金"。**伪基金**，看上去好像是一只基金，但事实上是基金经理操控出来的，是参照一个股票指数（比如上证综指）购买绝大部分指数中的成分股票，然后做一些小调整形成的。

伪基金的好处是，整只基金的表现会与市场平均回报差不多，运气好的话能微微跑赢市场一点。但是,由于落后市场平均回报率的人数太多,即使投资者的收益跟市场回报持平,那么从排名看也挺不错的了。

但是对于我们普通人来说,如果买到了这种基金就很亏。因为直接购买指数基金的费用很便宜,但是伪基金的收费都很高,两者费用差 5～10 倍是很常见的。也就是说,我们花了高价钱,却买了一个假的主动基金。

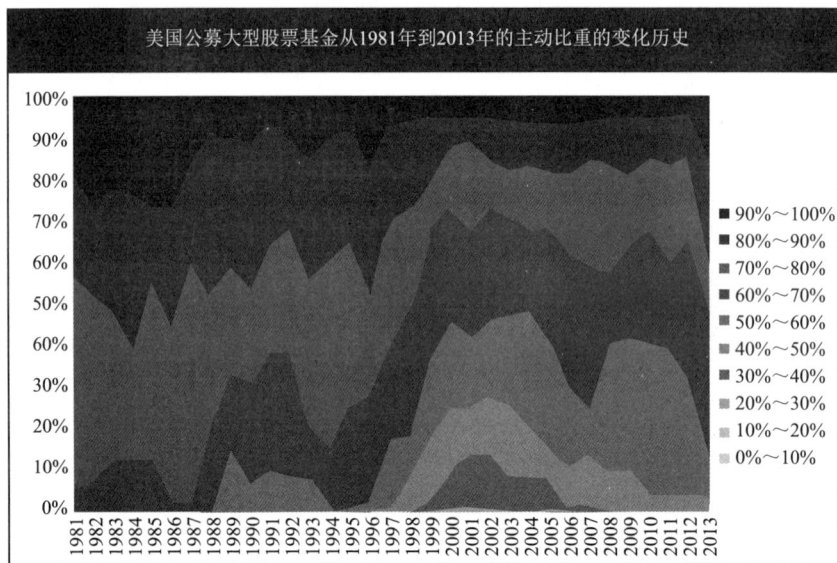

美国公募大型股票基金从1981年到2013年的主动比重的变化历史

上图显示的是美国公募大型股票基金从 1981 年到 2013 年的主动比重变化历史。在 20 世纪 80 年代,绝大部分基金的主动比重(Active Share)在 70％以上。也就是说,这些基金中,至少有 70％的投资组合和指数是不一样的。但是到了 2013 年,情况反了过来。有 50％的基金的主动比重在 70％以下,也就是说,大约有一半的基金都是"伪基金"(Closet Index F)。

　　其实，在投资界，很多专业投资者看似专业，但其实要做很多身不由己的事。比如，你是个基金经理，今年大家普遍收益都有20％，结果你只赚了15％，那你可能连工作都要保不住了，也不会有人愿意把钱交给你管。所以为了和大家都差不多，你会越来越跟其他专业投资人趋同。也就是说，人家买什么，你就买什么，最后连选择的自由都失去了。

　　所以作为个人投资者，其实有一些专业人士所不具备的优势，投资者应该时刻记得"舍难求易"，来提高自己的投资回报。这就像巴菲特说过的那句名言："在投资这个领域，当一个人明白自己有多傻之后，他就不再傻了。"

散户相对机构的劣势

　　投资经理比起普通投资人来说，消息更灵通、经验更丰富，但这也只是表象，那么散户和专业投资人相比，有哪些劣势呢？

1. 资产配置上的劣势

　　2017年，一个叫AQR资本的三个基金经理，发表了一篇《一个世纪的趋势投资证据》的学术论文，他们做了大量复杂的测算，把137年来29种商品(比如黄金、石油、小麦)，11个市场的股票指数，15个债券市场，12种外汇，都进行了测算，得到一个结论：我们盯住一个国家的股市,如果过去这一个月,股市是上涨的,我们在下一个月就多买入;如果过去这一个月,股市是下跌的,我们就选择卖出。

听到这里大部分人可能在想了:如果我也能实现这样的操作,岂不是赚大钱了?

那么,关键问题来了:AQR 基金采取的"追涨杀跌"的傻瓜式策略,我们能复制吗?答案是,比你想象的难多了。原因就是,很多看起来能赚钱的方法,普通投资者由于种种条件限制很难做到优化的资产配置。

2. 资金规模上的劣势

世界头号对冲基金——桥水基金,目前掌管着超过 1 500 亿美元,旗下的产品常年回报率在 11％～15％的水平,而且业绩极其稳定。在 2008 年全球金融危机时回报率是正的,2018 年全球市场疲软的时候,桥水旗下的 Pure Alpha 基金在扣除费用之后的回报率是 14.6％,成绩非常出色。遗憾的是,桥水基金并不对个人投资者开放,桥水基金的官网赫然写着:我们对客户的要求一般是,最少有 50 亿美元的可投资资产;并且,使用我们服务的费用一般在每年 50 万美元到 475 万美元不等。想要让这家机构来管理我们的基金,门槛是非常高的。

散户的投资方法

很多人觉得要管理好自己的投资产品,就需要掌握一些高深的知识、学习一些特别的技巧，或者通过一些渠道获得一些不为人知的消息和工具，才能稳操胜券。但投资其实是非常反直觉的，我们做的事情越简单，越承认自己的局限和不足，越有平常心，就越容易取得成功。

从优势的角度来讲，普通投资者没有太多枷锁，一方面可以使用最简单的投资工具来管理自己的财富；另一方面，非职业的身份使得我们能接触到的资源本身就相对有限，再去花时间研究一些很专业的领域其实更是得不偿失。所以对于普通的个人投资者来说，掌握一些最朴素的投资方法，避免那些最明显的投资错误，才是我们走向投资成功的正途。

02 / 主动管理：
不要盲目相信"牛人"光辉

我们一直说投资个股赚钱是一件很难的事。作为一个普通投资者，一定不要过高地估计自己买股票的能力。

有些人可能会觉得，"我"不具备专业的投资能力，但只要跟着那些炒股牛人买股票，或者把钱交给专业人士打理，购买股票型基金，就一定能够赚很多钱。

事实却往往相反，大部分赚钱的投资者，都不会选择主动型基金。其实在投资这条道路上，一味地相信所谓的专业人士、明星基金经理能给我们带来高额回报是错误的。

"牛人"可信吗

　　2021年3月，21世纪经济报道选取了14位明星基金经理的14只代表基金，分别考察市场大跌的一天（3月9日）、春节以来市场大跌期（2月18日至3月9日），以及2021年以来（年初至3月9日）的三个时间段，对明星基金经理管理的基金进行大盘点。

　　14只明星基金2021年以来业绩变化，大跌日明星基金全军覆没。

证券简称	基金经理（现任）	基金成立日	投资类型（二级分类）	单位净值［交易日期］2021-03-09［单位］元	当期复权单位净值增长率2021-03-09［单位］%	今年以来回报（年初至2021-03-09）［单位］%	区间回报（2021-02-18至2021-03-09）［单位］%
农银汇理新能源主题	赵某	2016-03-29	灵活配置	2.32	−3.18	−16.76	−19.91
鹏华消费优选	王某某	2010-12-28	偏股混合	4.20	−2.62	−15.87	−26.26
易方达消费行业	萧某，王某	2010-08-20	普通股票	4.54	−2.59	−13.84	−25.86
景顺鼎益	刘某某	2005-03-16	偏股混合	2.84	−2.21	−13.74	−26.94
中欧医疗健康C	葛某	2016-09-29	偏股混合	3.00	−2.54	−11.42	−26.15
易方达中小盘	张某	2008-06-19	偏股混合	7.38	−3.30	−10.85	−24.09

续上表

证券简称	基金经理（现任）	基金成立日	投资类型（二级分类）	单位净值［交易日期］2021-03-09［单位］元	当期复权单位净值增长率 2021-03-09［单位］%	今年以来回报（年初至2021-03-09）［单位］%	区间回报（2021-02-18至2021-03-09）［单位］%
信达澳银新能源产业	冯某某	2015-07-31	普通股票	3.34	−3.83	−9.43	−9.46
易方达行业领先	冯某	2009-03-26	偏股混合	4.25	−3.08	−9.10	−21.87
广发双擎升级A	刘某某	2018-11-02	偏股混合	3.17	−4.65	−8.12	−23.95
睿远成长价值A	傅某某，朱某某	2019-03-26	偏股混合	1.95	−3.48	−5.68	−13.68
富国天惠	朱某某	2005-11-26	偏股混合	3.47	−3.05	−4.26	−16.42
兴全合宜	谢某某，杨某	2018-01-23	灵活配置	1.95	−1.85	−0.54	−12.08
兴全趋势	董某某，童某	2005-11-03	灵活配置	1.03	−1.67	2.79	−5.70
中欧价值发现A	曹某某，蓝某	2009-07-24	偏股混合	2.05	−1.76	6.22	4.53

2021年3月9日，A股三大指数跳水，上证指数跌1.82%，深证成指跌2.80%，创业板指跌3.50%，而基金重仓指数大跌2.98%。

21世纪经济报道记者据Wind数据统计，3月9日，股票型基

金中,有 1 800 只净值下跌,占股票型基金的 92％;偏股混合型基金
中,有 1 777 只净值下跌,占偏股混合型基金的 95％。当天记者统
计了 14 位明星基金经理的代表基金,发现他们管理的 14 只明星基
金全部大幅下跌。虽然这不能代表什么,但至少能让投资者思考
一下,到底能不能直接跟"牛人"投资。

"主动型基金"与"被动型基金"

主动型基金是根据股票基金投资理念的不同进行的分类。一
般主动型基金是以寻求取得超越市场的业绩表现为目标的一种基
金。通过各种人为的方法,比如,选股、择时、宏观分析、看技术图
表分析等,来试图击败市场,获得超额回报的基金。我们平时看到
的各种指数基金以外的股票基金、主题基金、行业基金,都属于这
个范畴。

与它相对的概念是**被动型基金**。被动型基金一般选取特定的
指数成分股作为投资对象,不主动寻求超越市场的表现,而是试图
复制指数的表现,因而通常又被称为指数基金。这种基金追踪的
是整个市场,没有任何人为因素干预,市场怎么样就是怎么样的。
所以它们一般都以指数基金的形式存在,比如,沪深 300 指数基金、
标普 500 指数基金,都是这种类型,它们靠复制市场来取得整个市
场的平均回报。在多如繁星的基金里挑选出可以赚钱的主动型基
金,是概率极低的事情。

依靠历史业绩选择基金，真的有效吗

　　著名的先锋领航投资集团曾经针对美国市场做过一个统计。先买入 2004~2006 年 3 年里回报超过平均值的基金,然后在接下来的每一年里,只要某只基金的回报率跌到了过去 3 年的平均值以下,就卖出,然后买入目前表现最好的 20 只基金。最后,来统计 10 年里的回报率。他们还做了另一实验,随机投资一些基金,除非这只基金被下架,否则,不卖出。

　　实验持续了 10 年左右,最后先锋基金得出结论:无论什么类型的股票,只要你根据历史业绩的好坏来判断股票的收益,那经常更换追求更高的策略,收益回报率一定低于买入后就不轻易换的策略收益。

　　美国有两位学者也做了一个研究,他们选择了 417 只养老基金,研究了不同基金经理在 1994 年到 2003 年这 10 年里的 8 755 只基金的选择决定,他们根据基金经理的业绩表现,来决定这个基金经理的去留,一段时间后,他们会换上新的基金经理。但结果是,基金经理在被换掉之后,平均表现是更好的,而新上任的基金经理,他们的平均业绩是负数。实验结束后,最终发现,不同的基金经理做出的多个决定,没给基金带来价值。

　　研究表明,无论是从 3 年、5 年,还是更长的时间维度来看,大多数的主动型基金、专业人士都跑不赢大盘,而且大多数普通投资者选基金的方式——通过历史业绩选基金，根本行不通。

　　受到基金规模、投资门槛、风格转移等多种因素干扰，我们很难及时发现能力非常优秀的基金经理，并且由于投资这类基金还要付出额外的管理费和其他成本，这无形之中又增加了我们的成本，所以建议一般投资者可以直接投资被动复制市场的基金。

03

最好投资：
终身学习

　　毫无疑问，世界正在奖励终身学习的人，那些爱学习的人，永远走在时代前列，他们不会被社会所淘汰，而正是他们的努力，让这样一批人赚取了不少财富。

　　高尔基曾说过："我扑在书上，就像饥饿的人扑在面包上。"以前上学时对这句话还没有太多感触，但随着步入社会多年后，尤其是工作以后，常常感同身受，深有体悟。于是感叹，成年之后，更是学习的巅峰时刻。就我个人而言，从小学到大学，学过的东西现在看来不过是皮毛，是为了一纸文凭和基本生存需要。而更多、更深入的学习和经验积累是在工作之后，尤其是当下。如果学生时代是——学海无涯苦作舟；那么成年之后当是——学海无涯乐做桨。

为什么要终身学习

学习可以提高我们的认知；学习可以让我们拥有更多成长的机遇；学习可以帮助我们解决更多问题；学习可以锻炼人的意志；学习还可以增强自信。只有多学习，才可以知道自己的不足。

在这个飞速发展的时代，如果不去学习，不去适应社会，显然会被淘汰。即使没有高科技、人工智能，也会被那些不断努力、不断学习的人所替代。

终身学习才是我们立于不败之地的法宝。事实证明，那些善于学习、提升自己的人，正逐步成为社会中比较成功的"少数人"，逐步站上金字塔的上层部分；而不爱学习，跟不上时代的人，只能苦苦挣扎。

投资与学习

这世界上所有的事情其实都是投资，我们投资了时间来学习，自己就会不断成长；我们投资了感情去经营家庭，夫妻关系就会越来越好；我们投资时间到自己的事业上，事业也会逐步蒸蒸日上……成长是用自己的注意力向自己投资，工作是投资，创业还是投资，一切都是投资……

面对一些新知识的切入，又一次感觉到需要学习、学习、再学习。先要学习"如何学习"，然后再去学习。感觉到"不同物种之间的区别"，更进一步认识到，认知水平的差异，也就是说人与人之间最大的差别，是认知水平的差异。

在这个世界，永远也不要拒绝学习，因为它是你闯荡这个世界最好的装备。

我们已经知道了人生的一切都是投资，投资也是有趋势的，上升与下降只不过是一个真理的表象。

世界上的所有事情都是投资，在股市里我们学习不做"韭菜"。那么在我们生活中，也要逐渐学会做一切事情，不做"韭菜"。学会长期投资，对长期赋予重要意义，永远不要再做"韭菜"。

我们在人生的投资路程中，开启"外挂"（一个人的学习能力），天生之外的"装备"携带上"作弊器"（一个人需要什么就能学会什么的能力）。这可真是"开挂的人生"！好好的、长期的投资自己，让自己脱变成全新的"物种"！

04

财务自由：
第一步该怎么走

大部分实现财务自由的人，不需要仅仅为了应付生活支出而为钱工作，他们不再是为了生活而赚钱，而是成了金钱的主人。当你赢得的利息收入等于或者远远大于你的日常支出的时候，你就达到了财务自由。这时候，你就是金钱的主人，就可以再也不用每天为金钱而发愁。

迈出实现财务自由的第一步

迈出实现财务自由的第一步，就是一起来制定一个切实可行的小目标。目标应该是"我"每个月要赚多少钱攒多少钱，这样你才能有一个看得见摸得着的，可以做起来，可以激发你奋斗的目标。

投资者要了解自己的资金状况。具体来说，就是你要知道自己有多少钱了，其实就是你的资产净值。这个非常好算，总资产减去总负债就是你的**资产净值**。**总资产**就是我们手头有多少现金、股票账户里或者其他投资账户里有多少钱。那负债呢？常见的有房贷、车贷，有些人还有学生贷款，一般人都会有的信用卡贷款，这些加总起来就是你的**总负债**。总资产减总负债就是你的**资产净值**，咱们的起始点是第一个已知数，第二个已知数是你的一个目标。

从投资理财积累财富的角度上来考虑，人的一生大概分两个阶段，前一个阶段就是你不断登上顶峰的过程，是**积攒财富**，所以会比较辛苦，要不断努力奋斗。

到了顶峰之后，这个顶峰就是你此刻拥有了多少财富，从这一点之下就是人生的第二个阶段，你开始消耗之前挣的家底。比如说，退休以后你是用以前挣的钱或者以前投放的保险、基金、养老金、退休金等。第二个已知数是你的峰顶峰值在哪儿,是多大的一个数值,是 200 万元、400 万元,还是 100 万元,不管是多少,我们先把它当成一个已知数来算。

要定义财富，需要满足几个条件

首先,要确定明确的数字;其次,要用笔把它写下来,因为只在脑海中想与用笔写到纸上感觉完全不一样;然后把它转化为相应的画面,变成自己的梦想版。

改变你的金钱观,就是改变人生的开始。

1. 要想在几年内实现财务自由需要的条件

（1）财务保障

先储备好能保证我们日常 6～12 个月内基本生活的储备金。为自己预留好足够的储备金,当你生病或者失业时,还能够有这笔钱支撑自己的生活。

比如说,你每个月至少需要支出 3 000 元,你想在 6 个月后工作,那你至少要有 3 000×6,也就是 18 000 元的储备金。这笔钱是用于应对不时之需,也就是突发情况,所以一定不能随意动用,也不能用于任何有风险的投资。你可以将一部分存入银行,另一部分存在余额宝等能快速提现的理财工具中。

（2）财务安全

在实现财务保障的基础上，我们可以追求财务安全。财务安全，是指你需要积累足够的资金，以保证你可以靠利息满足基本的生活需要。

比如，年利率为 8％，假设你每个月至少需要支出 3 000 元，用 3 000 乘以 150，就是 45 万元，这是你达到财务安全所需要的资金总额。为了保证资产安全，对于这部分资金的投资依然要以稳健为主。

当然，要达到财务自由，你可能会觉得每月 3 000 元完全不够花，那你可以详细列出要达到你梦想的生活所需要的金钱数额，再平均到每个月中，然后用这个数目乘以 150，就是你要达到财务自由所需要的资金总额。

比如，年利率仍然为 8％，假设你每个月至少需要支出 10 000 元，用 10 000 乘以 150，也就是 150 万元。当然，其中最重要的一条原则是，无论出于任何原因，都绝对不要动用你的本金，也就是能给你下蛋的"金鹅"。

2. 如何在几年内实现财务自由

（1）储蓄一定比例的金钱

巴菲特透露，变得富有的秘诀很简单，就是：储蓄，投资；继续储蓄，继续投资。使人变富有的，不是收入而是储蓄。 不要再做月光族或者卡奴，将每个月的收入都用于吃喝玩乐、旅游享受，周而复始，即使挣到足够多的钱，也无法实现财务自由。

（2）学会投资

我们都知道，因为通货膨胀等因素，货币在不断贬值，我们只是把钱存着，产生不了多少收益，而我们要实现财务自由，就需要学会投资，让手上拥有的钱，创造更多的价值。不过要注意的是，在准备投资时，一定要分清楚投资和负债。

（3）增加收入

当我们能够赚更多钱了，才能够存更多的钱。在当今这个多元化的世界，只要肯动脑思考，就会发现，能使收入增加的方式是很多的，这需要你不断去寻找。找到你感兴趣的行业，给自己制定3年目标，不断学习专业知识，让自己成为那个领域的专家，并学会一点营销技巧，让所有财富主动找上门。

（4）把增加的那部分收入按照一定的比例投资

当你赚到钱时，可以拿出一部分奖励自己，把增加的那部分存起来拿去投资，让复利发挥作用，当复利发挥它的魔力时，我们就真的可以实现"躺赚"。要实现财务自由，就要学会将资金的一部分用于中风险投资，另一半用于高风险投资。

05 / 我自律我自由：
如何开启外挂人生

　　自律的生活，不一定是最好的，但一定比随意的生活更有营养和价值。自律的人往往更能感受到生活的美好，他们通过高度的自律，不断严格要求自己，变被动为主动，从而活成自己理想的模样。

　　在外人看来，他们的自律实在毫不费力，其实自律就是习惯的培养，当你对于一个行为动作的实施超过 21 天，就可以养成习惯。

培养理财习惯

理财的习惯也可以以此培养起来，有些人平时忽略理财的重要性，也没有理财的习惯，这种思维和观念不仅对自己是一种局限，这种观念还会传递给孩子，导致孩子对金钱、理财没有概念，长大后对理财也是无从下手。

理财，是将自己有限的资金合理的利用起来，慢慢培养自己对于金钱的把控能力，以此达到增收和改善生活条件的一种方式。

李笑来在《财富自由之路》里指出，我们想要的自由，其本质不是财富，财富只是工具；我们要的自由，本质上是时间自主权。为什么要人为规定我们应该休息的时间，我们可以自己选择休息的时间。

据统计，加上节假日、周末，我们每年有 115 天假期。如果我们充分利用假期时间提升自己、持续成长，那么我们人生最应该为之奋斗的 30 年黄金期，就整整比别人多奋斗了 10 年。当然按照年度计划热血沸腾地过完一年后，可以奖励自己一场酣畅淋漓地旅游，享受一次高品质的假期。

如何才能把一件事情坚持下去

我们明白很多道理，每天早起、阅读、健身、做计划，这些小事对我们的人生推进大有裨益，但是很少有人能够日复一日、年复一年地坚持下去。

只有当我们内心有一股强大的力量支撑自己去做一件事情时，才能够持续坚持下去。如果这是一件非做不可，不做会影响到我们的人身安全的事情，那我们就不会再拖拖拉拉、推三阻四了。

我们每个人对未来都有着美好的向往，都在规划着未来美好的人生，都想拥有完美的事业，拥有可爱的另一半，拥有幸福的家庭。

在走向幸福生活前，自律是不可或缺的品质，你想要成为更好的自己，唯有自律。我们都知道努力工作、阅读静修、坚持锻炼会觉得很累，躺在家里、刷网追剧、幻想未来最舒服。但是这个世上没有一种躺赢的人生，你对未来有多渴望，你就必须付出更多的努力。

小野在《自律力》一书中提道：世界上最难的事情，不是买彩票中五百万，而是日复一日地坚持一些见效极慢、执行起来极苦的优良习惯。所有技能的习得，都不是一朝一夕、一蹴而就的，而是需

要我们旷日持久的付出、坚持不懈的努力。

一万小时定律告诉我们，如果想要在某个领域达到专家水平，至少要投入一万小时的刻意练习，用正确的方法做正确的事情，我们才能抵达远方。我们要走出自己的舒适区，从每天朝九晚五的工作中走出来，从每天的葛优躺刷抖音的状态中走出来，为自己设立一个目标，并为之做出持久而又坚定的努力。

如果你能把一件事情坚持 1 年以上，那么坚持 3 年、5 年，甚至 10 年都不是问题。今年我还为自己增加难度，挑战每天阅读一本书计划，目前已经坚持了 137 天。可能很多人会觉得每天阅读那么多书一定很累，但是每天能做自己喜欢的事情，不仅不会觉得累，收获知识的那种充实感，还会让自己觉得很幸福。

斯科特·派克在《少有人走的路》中写道：所谓自律，就是以积极而主动的态度，去解决人生痛苦的重要原则，主动包括四个方面，推迟满足感、承担责任、尊重事实、保持平衡。

李笑来曾说，7 年就是一辈子。如果我们以 7 年为期去计算我们的人生，那么下一个 7 年是对这一个 7 年的检验。如果我们在这一个 7 年里自律、努力，那么在下一个 7 年里就会站在一个更高的起点。如果我们在这一个 7 年里得过且过、虚度时光，那么以后每一个 7 年都没什么差别，我们的人生也不会有更大的进展和突破。

选择决定命运，你过去的每一个抉择，决定了你现在的生活；而你现在的每一个行动，都在决定着你未来的人生。

你有多自律，就有多自由

当我按照自己的年度计划，坚持阅读学习、早睡早起、管理时间；当我根据自己的兴趣爱好，坚持写效率手册、观影追剧、学习写作，感觉到内心有无限的能量，每天都在期待中醒来，又在满足中睡着。

自律的人往往更能感受到生活的美好，因为他们可以在没有人监督的情况下，通过自己要求自己，变被动为主动，慢慢活成自己理想的模样。

生活的自由不仅仅是追求物质的丰盈，还应包括慢慢变好，拥有更多选择权的自己。通过自律自觉，选择一种自己想要的生活方式，努力成为更好的自己，还有什么比自律更让人感觉内心充盈、充满力量呢？

康德说："自律使我们与众不同，自律令我们活得更高级。也正是自律，使我们获得更自由的人生。"一件事情，如果你每天都坚持去做，哪怕多么微不足道，只要时间一长，你都会变得与众不同、更加美好。

21天就可以养成一个习惯，理财的习惯也可以如此培养起来。理财，是将自己有限的资金，合理的利用起来，慢慢培养自己对于金钱的把控能力，以此增加收入，改善自己的生活。

从今天起，成为一个生活自律，理财规律的人吧！当你开始每天花一点时间去了解并学习理财知识，相信一段时间后，你就会成为理财界的专业人士，当你坚持理财 5 年后，相信你已经通过理财赚了很多钱。

参考文献

[1] 无声. 散户自救法则[M]. 北京:中信出版集团,2016.

[2] 清崎,莱希特. 富爸爸·穷爸爸[M]. 杨君,杨明,译. 北京:世界图书出版公司,2000.

[3] 马丁. 我是个妈妈,我需要铂金包[M]. 肖恬宁,译. 北京:中信出版集团,2018.

[4] 班纳吉,迪弗洛. 贫穷的本质:我们为什么摆脱不了贫穷[M]. 景芳,译. 北京:中信出版集团,2013.

[5] 李录. 文明、现代化、价值投资与中国[M]. 北京:中信出版集团,2020.

[6] 格雷厄姆. 聪明的投资者[M]. 王中华,黄一义,译. 北京:人民邮电出版社,2010.

[7] 派克. 少有人走的路[M]. 于海生,译. 长春:吉林文史出版社,2007.

[8] 李笑来. 财富自由之路[M]. 北京:电子工业出版社,2017.